党的创新理论体系化学理化研究文库

◆ 中国式现代化的上海样本研究 ◆

大城之治
城市治理现代化的新叙事

董幼鸿 等 著

上海人民出版社

编审委员会

序

理论的生命力在于创新。我们党的历史，就是一部不断推进马克思主义中国化时代化的历史，也是一部不断推进理论创新、进行理论创造的历史。新时代以来，党的理论创新取得重大成果，集中体现为习近平新时代中国特色社会主义思想。这一重要思想是当代中国马克思主义、二十一世纪马克思主义，是中华文化和中国精神的时代精华，实现了马克思主义中国化时代化新的飞跃。在这一科学理论的指引下，党和国家事业取得历史性成就、发生历史性变革，中华民族伟大复兴进入了不可逆转的历史进程。

习近平总书记深刻指出，"推进理论的体系化、学理化，是理论创新的内在要求和重要途径"。新征程上继续推进党的理论创新，要在体系化学理化上下功夫，从学术基础、实践导向、国际视野、历史维度等方面着力，深化对习近平新时代中国特色社会主义思想的研究阐释，这不仅是继续推进马克思主义中国化时代化的一项基础性、战略性工作，更是持续推动党的创新理论武装走深走实的必然要求。

上海是中国共产党的诞生地、改革开放的前沿阵地，也是马克思主义中国化时代化的实践高地，在党和国家工作全局中具有十分重要的地位。党的十八大以来，上海发展取得巨大成就，从"五个中心"建设、浦东打造社会主义现代化建设引领区、长三角一体化发展等重大国家战略深入推进，到新时代人民城市建设呈现日益蓬勃发展新局面，无不彰显着习近平新时代中国特色社会主义思想的真理力量和实践伟力。

　　上海市委高度重视党的创新理论武装，高度重视党的创新理论体系化学理化研究阐释，将思想铸魂、理论奠基作为上海建设习近平文化思想最佳实践地的引领性工程。上海理论社科界始终以高度政治自觉和学术担当，以回答中国之问、世界之问、人民之问、时代之问为己任，以"两个结合"为根本途径，高质量开展研究阐释，彰显了与伟大时代和伟大城市同频共振、同向同行的责任担当，形成了丰富研究成果。

　　为引领推动全市理论社科界深入开展党的创新理论研究阐释，持续推出原创性、有见地、高质量研究成果，上海市委宣传部组织开展了"党的创新理论体系化学理化研究文库"建设。具体编纂中，文库聚焦习近平新时代中国特色社会主义思想的"原理体系"和"上海实践"两大核心内容，既强化整体性系统性研究，又注重从不同领域深入阐释；既提炼、解读标识性概念，又加强重大现实问题研究；既运用各学科资源呈现理论学理深度，又立足上海实际反映实践厚度，从而形成体现历史逻辑、理论逻辑、实践逻辑相统一的研究成果。

　　实践发展未有穷期，党的理论创新永无止境。在以中国式现代化推进中华民族伟大复兴的新征程上，在上海加快建设具有世界影响力的社会主义现代化国际大都市的砥砺奋进中，实践发展为理论创新打开了广阔的空间，也对党的创新理论体系化学理化研究阐释提出了新的更高要求。衷心希望上海理论社科界始终坚持与时俱进的理论品格，秉持"思想精耕"的卓越匠心，深潜细研、守正创新，不懈探索实践，以更加丰硕的成果回应时代、回馈人民，为推进马克思主义中国化时代化作出新的更大贡献！

中共上海市委常委、宣传部部长　赵嘉鸣
2025 年 5 月

目录

第七章 ▬▬▬▬▬▬▬▬
技术赋能：支撑城市敏捷运行的数字治理　／ 135

结语与讨论　／ 169

后　记　／ 175

前　言 ────

　　习近平总书记指出："中国式现代化，是中国共产党领导的社会主义现代化，既有各国现代化的共同特征，更有基于自己国情的中国特色。"[1] 以工业化带动城市化，进而共同推动现代化是各国现代化的基本特征和历史逻辑。城市化在国家现代化进程中扮演了重要的角色，起到关键性作用。2023 年世界银行数据反映，20 个现代化国家平均城市化率为 81.2%，其中，日本城市化率甚至超过 90%。习近平总书记指出："城镇化与工业化一道，是现代化的两大引擎。"[2] 中央第四次城市工作会议后，我国城镇化率由 57.33% 上升到了 67%。[3] 预计到 2030 年将超过 70%，到 2050 年超过 80%。未来还将有 1 亿农村人口转移到城市，城市人口将超过 10 亿。我国城市治理体系和治理能力现代化是城市化进程中的重要内容，通过城市治理现代化提升城市治理的水平和能力，促进城市化更好地行稳致远。

一、城市工作在党和国家工作全局中具有举足轻重的地位

　　"城市是我国经济、政治、文化、社会等方面活动的中心，在党和国家工作全局中具有举足轻重的地位。"[4] 因为，"城市是现代化的

［1］习近平：《以中国式现代化全面推进强国建设、民族复兴伟业》，《求是》2025 年第 1 期。
［2］《十八大以来重要文献选编》（上），中央文献出版社 2014 年版，第 590 页。
［3］国家统计局网站，2025 年 2 月 28 日。
［4］《习近平关于城市工作论述摘编》，中央文献出版社 2023 年版，第 7 页。

重要载体"，是实现人民对美好生活向往的重要依托。历史经验已经证明，凡是实现现代化的国家和地区基本是实现工业化、完成城市化的国家和地区，几乎没有例外。1949 年，党的七届二中全会提出把工作重心从乡村转移到城市，毛泽东号召全党，必须用极大的努力去学会管理城市和建设城市。[1] 从 20 世纪 60 年代以来，中共中央、国务院先后召开了四次城市工作会议，每次城市工作会议都围绕着当时经济社会发展中的重要议题进行，始终聚焦城市管理中的重要问题开展讨论和研究，为城市建设和管理提供科学的政策建议。

1962 年 7 月 25 日至 8 月 24 日召开第一次城市工作会议，针对城镇人口过快增长、基本生活物资短缺的形势，分析城市工作中存在的问题，提出解决的办法"首先是恢复正常生产"。只有工业劳动生产率提高了，有效地支援了农业和市场以后，生活才会改善。

1963 年 9 月 16 日至 10 月 12 日召开了第二次城市工作会议，会议认为，虽然当前城市形势很好，但存在"五反"运动没有全面展开，增产节约运动有好有差，工业调整还没有完成，粮、油、布等主要生活必需品的供应仍不足，市政建设落后于生产发展和人民生活的需要，城市人口出生率太高、人口过多，需要安置就学、就业的人逐年增加，如何管理城市等问题还没有很好地解决。这次会议明确制定了工业、商业、农业等行业调整计划和市政建设计划。

1978 年 3 月，国务院在北京召开第三次全国城市工作会议，通过了《关于加强城市建设工作的意见》，强调了城市在国民经济发展中的重要地位和作用，要求城市适应国民经济发展的需要，提出了城市整顿工作的一系列方针、政策。这次会议是城市建设历史性转折的一

---

[1]《毛泽东选集》第 4 卷，人民出版社 1991 年版，第 1427 页。

个新起点，提出了控制大城市规模、发展中小城镇的工作基本思路，首次明确了应"提高对城市和城市建设重要性的认识"，指出城市是我国经济、政治、科学、技术、文化、教育的中心，在社会主义现代化建设中起着主导作用。城市建设是形成和完善城市多种功能、发挥城市中心作用的基础性工作。

2015 年 12 月 20 日至 21 日，中央城市工作会议在北京举行，习近平总书记指出："我国城市发展已经进入新的发展时期。现在，全国百分之八十以上的经济总量产生于城市、百分之五十以上的人口生活在城市。今后，我国将有大量人口不断进入城市，城市人口将逐步达到百分之七十左右。在这个大背景下，做好城市工作具有十分重要的意义。"[1] 会议分析了城市发展面临的形势，指出我国存在城镇化滞后于工业化、土地城镇化快于人口城镇化、建设用地粗放低效、农民市民化进程滞后、城市群空间规划不合理、人口过度集聚等问题，明确了做好城市工作的指导思想、总体思路、重点任务。习近平总书记指出："城市地位越重要、作用越突出，我们越要保持清醒头脑。既要充分肯定我国城市发展取得的成绩，更要清醒认识我国城市发展的问题和不足。"[2] 会议将"创新、协调、绿色、开放、共享"作为新阶段城市工作的理念，提出着力解决城市病等突出问题，不断提升城市环境质量、人民生活质量、城市竞争力，建设和谐宜居、富有活力、各具特色的现代化城市，提高新型城镇化水平，走出一条中国特色的城市发展道路。习近平总书记指出："要坚持集约发展，框定总量、限定容量、盘活存量、做优增量、提高质量，立足国情，尊重自然、顺应自然、保护自然，改善城市生态环境，在统筹上下功夫，在重点上求突破，着力提高城市发展的持

[1]《习近平关于城市工作论述摘编》，中央文献出版社 2023 年版，第 6 页。
[2]《习近平关于城市工作论述摘编》，中央文献出版社 2023 年版，第 28 页。

续性、宜居性。"[1] 这次城市工作会议将城市工作上升到中央层面进行专门研究部署，体现了中央对城市工作的高度重视。

从历次全国城市工作会议和中央城市工作会议可以看出，中国城市工作始终坚持党的领导、聚焦问题导向、强调与时俱进、突出改革创新，并结合时代要求不断深化，每一阶段为我国城市工作提供了基本理念和根本遵循。中国特色社会主义进入新时代，城市发展也进入了新的发展阶段，城市在民生改善中的重要地位日益凸显，城市工作在党和国家工作中具有举足轻重的地位。

二、上海超大城市治理模式的变迁及治理新路探索

上海超大城市治理模式是随着中国改革开放的进程不断进行创新和变迁的，以推进城市治理体制和机制创新主线，实现治理体系和治理能力现代化。

（一）上海超大城市治理模式的变迁和历史沿革

改革开放以来，上海根据中央对上海的战略定位，结合自身的特点和实际，不断推进城市治理体制和机制创新，不同阶段选择了不同的模式。

改革开放初期，上海城市治理更多强调政府主导的"全能型管理"治理模式，城市管理的事项主要由政府承担和负责。随着改革开放的深入，逐步引入市场机制，不断进行城市建设和管理创新，例如，1988年虹桥开发区26号地块的成功批租，为城市的建设和发展提供了更多的资源支撑，逐步发挥市场主体在城市建设和管理中的作用。

20世纪90年代浦东开发开放以后，在城市治理探索中不断精简

---

[1]《习近平关于城市工作论述摘编》，中央文献出版社2023年版，第31页。

行政审批事项，推行"两级政府、三级管理、四级网格"，赋予区和街镇更多自主权，充分发挥市场和社会的力量，逐步形成多元主体共同参与城市治理的工作局面。

2005 年，上海城市治理推进城市管理网格化试点，逐步确立网格管理责任制，划分责任单元，提升管理效率。2007 年，市建交委出台《上海市城市网格化管理实施暂行办法》，要求"依托统一的城市管理数字化平台，将管理辖区按一定的标准划分成单元网格，通过加强对单元网格中部件和事件的巡查建立监督和处置相分离的主动发现、及时处置城市管理问题"的城市网格化管理模式。

2014 年，上海市政府印发《关于深化拓展城市网格化管理积极探索和推进城市综合管理的若干意见》，进一步明确以责任网格为基准，推进各类网格的整合；推动执法管理力量下沉、建立联动联勤工作机制；将 12345 市民服务热线、应急处置等职能纳入网格化综合管理中心。要求市级网格化综合管理行政主管部门和所属机构落实市委要求，推动网格化综合管理工作深化拓展，向社会治理、安全管理和应急管理等领域拓展，进一步推动住建系统内部与系统外管理部门的工作协同，逐步形成了适应超大城市治理需要的城市综合治理模式。

2020 年，上海市召开"一网通办""一网统管"工作推进大会，全面推进城市运行"一网统管"的目标要求和宏伟蓝图。随后，上海市城市运行管理中心正式成立，各区在原网格化管理中心的基础上挂牌成立了 16 个区城市运行管理中心（区城市网格化综合管理中心）、215 个街镇城运中心（街镇城市网格化综合管理中心）。同时，加强网格化的整合，形成"1+3+N"[1] 网格化管理系统，进一步夯实基层综合

---

[1]　"1"即城市管理领域的各类部件、事件问题，"+3"即融入 110 非警务警情、社会综合治理和市场监管业务，"+N"即逐步纳入公共卫生、防台防汛、基层治理等内容。

执法和联动联勤机制，围绕着高效处置一件事的目标，形成了城市运行"一网统管"的综合管理模式。

2024年12月，上海市委常委会通过《关于坚持党建引领推进"多格合一"不断探索超大城市基层治理新路的意见》，通过党建引领推进"多格合一"，明确规定"多格合一"是指通过完善网格划分标准，将城运网格、警务网格、综治网格、党建网格等多种网格进行"合一"，全面整合街镇现有管理力量，推进条条协同、条块联动和政社互动，夯实联勤联动力量，形成城市基层治理合力。通过党建引领下的"多格合一"，实行街镇区域的综合网格治理，促进基层力量进一步整合，资源进一步下沉，打破条块分割、条条壁垒和政社不通的格局，提升基层治理社会化、法治化、智能化、专业化水平。

（二）上海超大城市治理模式探索的主要特征

一是突出党建引领下的超大城市治理。纵观改革开放以来上海城市治理模式的变迁和沿革，一条主线是不断强化党建对城市治理的引领，突出基层党组织嵌入社区治理和城市管理的网络，创新党建引领模式，如社区党建、园区党建、楼宇党建和街区党建等，解决"最后一公里"问题，充分发挥党的各级组织在城市治理中的政治功能、组织功能和教育功能等，推进城市治理模式不断创新。

二是强化政府主体之间联动和协同。回顾上海城市治理模式变迁的历史不难发现，每次城市治理模式创新的重要内容是不断探索条条之间合作、条块之间协同关系的处理机制，如网格化管理、大联动大联勤、"一网统管"和"多格合一"等改革，主要任务就是破解传统科层制条条、条块之间的矛盾和冲突，加大对基层资源的整合和统筹，解决城市治理中的难点和堵点问题，提高城市治理现代化的能力和水平。

三是聚焦多元主体的参与和共担。上海超大城市治理模式创新中不断探索公众参与的新机制和新路径，搭建各类市民参与的平台和载体，强化城市治理中人人有责、人人负责、人人享有的共同体建设，如社区自治组织"弄堂管家"兴起等，充分发挥多元主体在城市治理中的功能。

四是注重技术创新驱动城市治理模式转变。上海在超大城市治理中不断发挥技术工具的功能，逐步提高城市治理的精细化和科学化水平和能力。如城市网格化治理模式的施行，提高了主动发现问题的能力；"一网统管"模式的探索，发挥数字技术的功能，增强了城市基层智能发现问题的能力。在数字化转型背景下大量应用场景的建设和开发，大大提高了城市发现问题、解决问题和反馈问题的全过程治理能力和水平。

五是加强区域一体化城市之间的合作和协调。上海在超大城市治理模式探索和变革中，不断加强与周边城市的合作，在交通、环保、政务服务、应急管理等事项上强化跨区域合作和一体化发展，特别是在长三角一体化上升为国家战略后，上海加大都市圈之间的合作和交流，如通过长三角一体化示范区建设，探索跨区域经济发展、环境治理和民生服务等合作治理，逐步提高跨区域合作治理的能力和水平，有利于推进城市治理现代化的能力和水平。

（三）上海探索超大城市治理现代化的新路

当前，随着人口、资源、财富和信息等要素向超大城市聚集，城市规模越来越大，人们的利益诉求越来越复杂，城市成为各类风险耦合叠加的综合体，人民群众的需要和诉求也呈现出多元趋势，如何更好地治理好超大城市也是一个世界级难题。

习近平总书记指出："城市工作是一个系统工程。做好城市工作，要顺应城市工作新形势、改革发展新要求、人民群众新期待，坚持以人民为中心的发展思想，坚持人民城市为人民。这是我们做好城市工作的出发点和落脚点。"[1] 上海是我国最大的经济中心城市和长三角地区合作交流的龙头，要不断提高城市核心竞争力和国际竞争力，要发扬"海纳百川、追求卓越、开明睿智、大气谦和"的上海城市精神，立足上海实际，借鉴世界大城市发展经验，着力打造社会主义现代化国际大都市。2019 年 11 月，习近平总书记在上海考察时提出"人民城市人民建、人民城市为人民"的重要理念，明确了中国特色超大城市治理现代化新路的根本立场和基本遵循。2020 年 11 月，习近平总书记在浦东开发开放 30 周年庆祝大会上的重要讲话中指出："提高城市治理现代化水平，开创人民城市建设新局面。人民城市人民建、人民城市为人民。城市是人集中生活的地方，城市建设必须把让人民宜居安居放在首位，把最好的资源留给人民。"[2] 2023 年 11 月，习近平总书记在上海考察时指出："要全面践行人民城市理念，充分发挥党的领导和社会主义制度的显著优势，充分调动人民群众积极性主动性创造性，在城市规划和执行上坚持一张蓝图绘到底，加快城市数字化转型，积极推动经济社会发展全面绿色转型，全面推进韧性安全城市建设，努力走出一条中国特色超大城市治理现代化的新路。"同时，强调要"构建人人参与、人人负责、人人奉献、人人共享的城市治理共同体"。

综上，上海应根据中央对上海的战略定位和基本要求，认真贯彻落实习近平总书记考察上海重要讲话精神，坚持"四个放在"，不断探索超大城市治理现代化的新路，将人民城市重要理念贯穿超大城市治理全过程，努力创新探索超大城市治理新思路、新举措和新路径，力争为走出中国特色超大城市治理现代化新路提供上海方案和上海样本。

---

［1］《十八大以来重要文献选编》（下），中央文献出版社 2018 年版，第 78 页。

［2］ 习近平：《在浦东开发开放 30 周年庆祝大会上的讲话》，人民出版社 2020 年版，第 10 页。

三、理论分析框架

城市治理现代化主要从治理体系和治理能力两个维度着手，治理体系主要从组织机构、制度规范、职能职责等静态的角度进行完善，治理能力主要从流程再造、机制设计、思维树立和技术应用等动态的角度进行优化。从治理理论角度来看，超大城市治理现代化主要坚持以城市治理的问题为导向，基于超大城市治理的理论指导和实践探索为主线，聚焦城市的治理理念、治理体系、治理任务、治理目标、治理保障、治理思维、治理技术等角度论述超大城市治理现代化的上海实践样本，体现最上海、典型性和示范性的特色，探索超大城市治理现代化的新路。

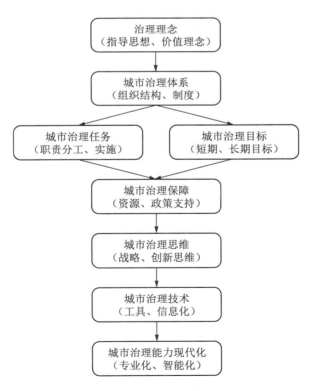

图 1　城市治理理论框架

一是践行治理理念，为超大城市治理现代化提供根本遵循。本章内容主要论述人民城市重要理念的内涵和要求，为超大城市治理提供基本遵循和根本指导。深入分析上海超大城市治理如何贯彻人民城市重要理念，如何基于法人和市民的多元需要推进城市治理现代化实践的新路，推进超大城市治理体系和治理能力现代化。

二是健全治理体系，为超大城市治理现代化提供运作平台。主要分析超大城市治理的主体和平台，除了政府在城市治理中承担划桨人和掌舵人以外，重点强调党建引领下城市治理的共同体建设，充分强调党组在城市治理中的领导核心作用，实现人人参与、人人奉献、人人负责、人人共享的城市治理共同体，共同承担城市治理任务。

三是明确治理任务，为超大城市治理现代化提供发力方向。超大城市治理的使命是为企业法人和个人提供更好的服务。就企业法人来说，充分发挥市场的功能，减少政府对企业的直接干预，为企业创造良好的营商环境。就市民来说，围绕着"三生"（即生产、生活、生态）、"四宜"（取出宜业、宜居、宜乐、宜游）的目标，满足市民对美好生活的向往，增强市民的获得感、幸福感和安全感。提供均衡和优质的公共服务是城市治理现代化的重要任务。

四是确立治理目标，为超大城市治理现代化提供基本要求。超大城市治理应当像绣花一样精细，针对城市的空间、管理、服务等各类对象要求，发挥精细文化、精准制度和智能技术的作用，实现问题识别、方案选择、资源配置、落实执行和效果的评估等城市治理的全过程、全生命周期的精细化管理，提高超大城市精细化治理的水平和能力，实现城市治理的智能化、科学化和精细化，最终实现"城市让生活更美好"的目标。

五是强化治理保障，为超大城市治理现代化提供安全环境。韧性安全城市建设是超大城市治理的重要保障，城市安全运行是城市治理的底线，也是城市治理的重要任务。随着城市规模扩大，城市中各种要素的叠加和耦合，逐步形成了城市风险综合体，各类潜在的风险和挑战日益严峻，增强了城市运行的复杂性和脆弱性，对城市安全管理水平和能力提出更高的要求。韧性安全城市建设旨在提高城市的免疫力和恢复力，是超大城市治理现代化的重要保障，是市民安全感和幸福感的重要基础。

六是彰显治理思维，为超大城市治理现代化提供法治轨道。城市治理现代化新路须将城市治理过程纳入法治化轨道，运用法治思维和手段解决城市治理中的问题。通过立法、司法、执法和守法等手段解决城市治理中的难题和矛盾，提高问题解决的公平性和公正性，满足人民对城市治理愿景的预期，促进城市治理可持续健康发展。

七是应用治理技术，为超大城市治理现代化提供科技支撑。数字技术的发展给城市治理提供了重要的科技支撑，对提高城市治理中发现问题、调度资源、效果评估和市民参与等环节技术水平提供重要保障。上海城市"两张网"（即政务服务"一网通办"、城市运行"一网统管"）大大提高了政府公共服务和城市管理的水平，实现了城市治理智能化、科学化和精细化。

本书结合治理理论分析框架，从治理理念、治理主体、治理任务、治理目标、治理保障、治理思维和治理技术等角度大致勾勒出中国特色超大城市治理现代化新路，体现超大城市治理体系和治理能力现代化的本质特征和根本要求。从而，借助治理理论分析框架和工具，探讨上海城市治理现代化新路探索的背景、具体实践做法及未来发展方向。

第一章

人民城市：超大城市治理现代化的根本遵循

随着中国城镇化进程的加快，城市越来越成为我国经济、政治、文化、社会等方面活动的中心。党的十八大以来，习近平总书记高度重视城市治理工作，作出一系列重要论述，提出要"积极探索超大城市现代化治理新路子"。

党的二十大擘画了中国式现代化的宏伟蓝图，把人民城市重要理念写入报告，发出了团结奋斗创造新的伟业的时代号召。习近平总书记提出的人民城市重要理念，是以人民为中心的发展思想在城市工作中的生动写照，是党的群众路线在城市工作中的根本要求，是马克思主义立场观点方法在城市工作中的集中体现，深刻回答了城市建设发展依靠谁、为了谁的根本问题，建设什么样的城市、怎样建设城市的重大命题，深化了我们党对做好城市工作的规律性认识。这一科学思想理念作为习近平新时代中国特色社会主义思想在城市建设与治理领域的重大原创性成果，是一个系统完整、逻辑严密的科学理论体系，实现了马克思主义城市思想在 21 世纪中国的创新发展。上海超大城市治理现代化的新路是贯彻落实人民城市重要理念的实践与探索，整个治理的过程都体现了人民城市重要理念。

一、人民城市重要理念成为超大城市治理现代化的根本遵循

人民城市重要理念作为人民立场在城市工作中的观念体现，体现

了我们党一以贯之坚持建党确立的初心与使命，也是坚持马克思主义唯物史观的立场观点方法和以人民为中心的发展思想。同时，明确指出我们党领导下人民城市建设和管理的本质、主体、目标与路径等内容，为我们进一步探索超大城市建设之路、中国式现代化城市治理创新发展指明了方向，人民城市重要理念是城市治理现代化的基本指导和根本遵循。

（一）以人为本的"本质论"，该理论体现了城市治理的本质

"人民城市人民建、人民城市为人民"这一重要理念，是坚持以马克思主义唯物史观为指导，体现了城市"为了谁、依靠谁"的问题。人民城市重要理念深刻说明了城市属于人民、城市发展为了人民、城市治理依靠人民的人民性本质，这也反映了人民城市重要理念成为城市治理现代化重要指导。

（二）以人民为中心的"主体论"，该理念反映了城市治理的主体

马克思主义理论认为人民群众是历史发展和社会进步的主体力量和行动者。在城市治理现代化过程中必须坚持以人为本，尊重人民主体地位和群众首创精神，紧紧依靠人民推动城市治理的现代化过程，充分发挥人民群众的聪明才智，形成推进城市治理现代化的力量。人民不仅是城市治理的主体，同时，城市治理的成果也要更好地惠及人民。

（三）以人民美好生活为愿景的"目标论"，该理念反映了城市治理的目标

习近平总书记在上海考察时指出："无论是城市规划还是城市建设，无论是新城区建设还是老城区改造，都要坚持以人民为中心，聚焦人民群众的需求，合理安排生产、生活、生态空间，走内涵式、集约型、绿色化的高质量发展路子，努力创造宜业、宜居、宜乐、宜游的良好环境，让人民有更多获得感，为人民创造更加幸福的美好生活。"[1]这是人民城市重要理念需要体现的满足人民美好生活需要的目标，也是城市治理现代化的努力目标。

（四）以人民为依靠的"路径论"，该理念反映人民群众是城市治理现代化必须依靠的力量

在城市治理中要深入践行人民城市重要理念，必须始终坚持党的领导，充分发挥党的政治优势、组织优势和群众工作优势，增强党在城市建设和管理中的政治领导力、思想引领力、群众组织力、社会号召力，广泛动员更多的人民群众参与到城市治理过程，通过人民群众的努力实现城市治理的现代化目标。在城市治理中因为城市建设和治理依靠人民，所以要共同建设"人人参与、人人负责、人人奉献、人人共享"的城市治理共同体。[2]通过城市共同体的塑造，更好发挥多元主体在城市治理中的功能和作用。

二、超大城市治理现代化面临的难题及重点关注的领域

（一）面临的难题

改革开放以来，我国经历了世界历史上规模最大、速度最快的城镇化进程。城市治理现代化的提出要求在我国城市治理已经取得成就和经验的基础上，继续不断探索城市治理"新路"。围绕着城市的"人""事""环境""资源"等多个变量，结合现阶段我国城市发展涌现的治理新挑战，我们迫切需要处理好五组关系。

---

[1] 《习近平在上海考察时强调：深入学习贯彻党的十九届四中全会精神　提高社会主义现代化国际大都市治理能力和水平》，《人民日报》2019 年 11 月 4 日。

[2] 中共上海市委：《奋力谱写新时代人民城市建设新画卷》，《人民日报》2024 年 11 月 1 日。

一是诉求弥散与利益整合的关系。随着城市经济社会的发展，各类人员进入超大城市工作、生活和发展，各类群体的利益诉求趋于多元。除了传统居民小区以外，保障性住房、人才公寓、合法规模化租赁、酒店式公寓等新型居住形态不断涌现，企业园区、商务楼宇、商圈市场、快递网点等非居住区域不断丰富，新业态、新居住形态的居民需要纳入城市治理体系中，如何使其合理诉求能够及时识别和回应，满足其参与城市建设与治理的愿望，迫切需要城市治理体系的再组织化，将城市发展涌现的弥散群体诉求有效吸纳和整合，确保城市居民利益得到公平公正的关照，实现城市治理共同体建设的愿景。

二是城市规模与服务质量的关系。城市规模不断扩大、城市边界不断蔓延，随之而来的是人口在城市空间高度集聚，由此而产生公共服务效率不高、公共价值弱化等问题。加上原有城市在治理中存在的发展不平衡不充分问题，如老城区大规模城市更新问题、郊区城乡平衡发展问题等，都是城市现代化治理中需要重点关注的问题。在超大城市治理规模下，如何保证城市公共物品供给的质量，在服务中兼顾效率与公平，考验城市治理改革与创新的智慧与能力。

三是管理秩序与社会活力的关系。城市管理工作追求高标准、高要求，既要保持经济社会活力，也要维持城市秩序，活力与秩序的平衡是城市治理现代化的"必答题"，而非"单选题"。城市经济的繁荣、街面管理的有序、人民安居乐业，需打造兼具精度、力度和温度的管理新模式。如在城市秩序维护方面，一方面需要沿街门面的活力和烟火气，另一方面需要整洁美观的街面道路和良好的经营秩序。民营经济发展方面，一方面要促进经济的发展充满活力，另一方面要加强监管，杜绝中小企业违规违法活动影响正常的经济秩序。这些问题都是需要城市治理者需要关注的内容。

四是风险积聚与韧性激活的关系。随着中国城镇化进程的加快，城市发展的内外部因素复杂交织，各类安全风险积聚而生，各种自然风险和人为风险、传统风险和非传统风险相互交织、相互耦合，逐步演变为影响城市运行安全的"风险综合体"。 如遇到新技术新业态带来新风险呈以下特点：放大性。随着数字技术和网络平台的发展，网络成为我们生活和工作不可或缺的部分，形成除了物质空间、精神空间以外的第三个空间，成为我们生活和工作日益依赖的载体。在城市安全治理中，一旦出现网络问题，可能会放大原生灾害带来的负面效应，使我们正常的生活和工作秩序出现崩盘和失序的情况。复杂性。近些年，随着网络技术的快速发展，城市应用的场景越来越普遍，人们的衣食住行几乎都与网络平台联结在一起，与人们的生活工作学习融为一体，人的行为与网络技术成为一个复杂的系统，该系统在带来便捷和智能生活的同时，也带来了城市系统的脆弱性。系统性。随着网络技术嵌入经济、社会和治理等多方面，很多新业态也相应出现，给人们生活带来便捷的同时，对我们城市治理体制机制带来挑战，按部门职责和边界进行监管模式，因网络技术应用和新的应用场景的出现而遇到新挑战和新要求。超大城市治理现代化需要激活城市有机体、生命体的韧性潜能，预防治理迟滞或阻断，形成城市公共安全收放自如、进退裕如的治理体系和能力。

五是传统手段与技术赋能之间的关系。传统城市管理者习惯于应用传统的人海战术去管理城市和服务市民，但随着城市规模扩大，城市事务日益复杂，各类主体的诉求更趋多元，原来传统的方法难以适应日益复杂形势需要。随着新兴技术的产生，给城市治理赋能的空间增大，但对我们城市管理人员数字素养要求很高，越来越多管理人员感觉本领恐慌和能力不足，同时，技术赋能需要投入大量成本和资源，给各级政府带来了沉重的负担和工作压力，如何保持传统手段和数字技术工具赋能之间的平衡也是城市治理需要关注的内容。

（二）应聚焦的重点领域

城市治理现代化的要求是抽象的，而治理工作是具体的。城市治理现代化的各项改革和创新必然要落实到城市治理体系与能力建设的各个方面、各个环节和各类实践中。从治理体系与能力两个方面来看，城市治理现代化需要聚焦五个重要领域。

1. 以有序协同为载体，建构党建引领的城市治理新体系

现阶段我国城市人口集聚性和流动性并存，新业态、新居住形态中的城市新群体亟须整合和融入，形成城市治理体系的更新与升级。城市治理体系现代化过程中要坚持党的全面领导，党组织通过主体补位、网络联结、资源整合等机制，构建党组织统领下政府、市场、社会组织、公众等多元主体参与的"元治理"体系，形成党建引领、政府主导、公众参与、社会协同的治理架构，构建人人参与、人人负责、人人奉献、人人共享的城市治理共同体。近年来，上海市推出"美好社区、先锋行动""党建全覆盖"等行动，推动治理体系的有序运转、多元主体和群众的有效凝聚、基层治理效能的跃迁升级。

2. 以便捷服务为导向，搭建助力高品质生活服务能力提升的新平台

城市公共服务关乎民生的方方面面，公共服务质量的好坏直接关系到人民群众对城市生活的体验感、获得感和幸福感。公共服务政策和实践的创新方向是能够提高公共服务的精准度，识别服务对象的底数，找到服务流程的薄弱点，解决影响人民群众美好生活的痛点、堵点和难点问题。近年来，上海在涉民涉企服务领域推行"人找政策"

到"政策找人"的公共服务改革创新，提高政府服务的精准性。例如，借助"一网通办"平台、"随申办市民云"及"随申办企业云"，围绕不同人群、职业、行业、产业等个人和企业类型，提供相应的政策资讯推送服务；上海市民政部门实施了"社区救助顾问"制度，帮助困难群众及时知晓和享受救助政策，主动发现和救助"沉默"的极少数困难群众。城市公共服务能力现代化需要持续提高公共服务的可及性和均等化水平，使公共服务更加贴近群众、更接地气。近年来，上海在市委、市政府统一部署下，积极推动公共服务资源下沉到基层，让所有群众都能够享受到公共服务的便利，相继推出"15分钟生活圈""生活盒子""社区食堂"等服务创新举措，使得老百姓切身感受到服务的便利。

3. **以精细管理为目标，形成城市管理重心持续下移的新模式**

城市管理的"度"关乎城市秩序与活力的平衡，城市治理能力现代化建设需要跳出"一管就死、一放就乱"的怪圈，寓活力于秩序之中，建秩序于活力之上。一方面，城市治理能力现代化需要持续推动城市管理资源的下沉和再整合。推动城管、应急、市场等条线执法权力、队伍等资源下沉到一线街镇，切实用好赋予街道的建议权、同意权、考核权、参与权、综合管理权等权力，在此基础上形成行动力强、素质高的基层综合管理队伍。另一方面，城市管理现代化需要深耕精细化治理模式。城市是经济最有活力、商业形态最具创新性和辨识度的场域。要推动"管理"向"治理"升级，在保持市场活力的同时维护好社会秩序，引导管理对象加入到管理体系和管理全流程中来，形成共治合力。2020年以来，上海推进警务网格、责任网格和综治网格"多格合一"工作，依托责任网格吸纳街镇辖区内区域化党建单位、物业公司、"两企三新"党员，发挥街镇党组织"路熟、人熟、事熟"的优势，推动网格化管理向网格化治理转型，打造基层治理的实体平台，提高城市管理能效。

4. 以韧性安全为保障，构建城市运行安全综合治理的新格局

城市公共安全是城市治理的底线性工作，亦是城市有机体、生命体平稳运行的基础保障。面对城市运行中多因素交织演绎所形成的"风险综合体"，城市运行安全综合治理的体制机制创新不能仅停留在综合治理机制建设层面，还需要以韧性安全为目标，实现综合治理能力的韧性提升，提高对风险综合体的整体性适应能力。2020年起，上海构建了"城市运行综合管理中心"和"三级架构、五级应用"的城市运行安全综合管理体制和配套的治理机制，成为赋能韧性安全城市建设的重要抓手。2024年9月，短短几天内上海遭遇台风"贝碧嘉"和"普拉桑"的"二连击"。城运中心在防台防汛的事前事中事后构筑集隐患排查、快速响应和善后恢复为一体的应对机制，保持了城市有机体对自然灾害的韧性适应。

5. 以技术赋能为载体，强化提升城市治理效能的新支撑

随着信息技术和数字技术广泛应用，数字化转型推进经济、社会和治理的转变，城市管理也相应地紧跟数字化转型的步伐，借助现代数字技术手段推进城市管理模式的创新。上海近年来推进政务服务"一网通办"、城市运行"一网统管"的"两张网"建设，就是发挥数字技术赋能城市服务和城市治理，大大提高治理和服务的效率和水平。今后城市治理中在发挥传统手段作用之外，还需充分挖掘数字技术的功能，根据城市治理的需要大量开发应用场景，发挥数字技术赋能的功效，推进城市治理的智能化和智慧化进程。

三、人民城市重要理念引领上海超大城市治理现代化实践与探索

（一）上海超大城市治理始终坚持以人民为中心

江山就是人民，人民就是江山。人民至上是中国特色超大城市治理的根本遵循，让人民过上更加美好的生活是新时代城市治理的奋斗目标。上海城市治理现代化的创新探索始终坚持以人民为中心，积极回应人民对美好生活的向往。

人民城市重要理念为上海城市治理指明方向。超大城市是海量陌生人聚集的开放性复杂巨系统，需求多元、人群异构、活动复杂。人民城市重要理念深刻回答了"城市发展为了谁，城市发展依靠谁"的根本问题。超大城市治理现代化追求全面而完整的发展，区域发展更加平衡、群体差异不断缩小，人人都有人生出彩机会、人人都能有序参与治理、人人都能享有品质生活、人人都能切实感受温度、人人都能拥有归属认同，这也是上海城市治理现代化的目标追求。2020 年 11 月，习近平总书记在浦东开发开放 30 周年庆祝大会上的讲话中强调："城市是人集中生活的地方，城市建设必须把让人民宜居安居放在首位，把最好的资源留给人民。"在上海，"一江一河"断点打通，滨水公共空间功能提升，世界一流滨水区域向市民游客贯通开放，真正实现还江于民、还岸线于民、还景于民。城市功能不断完善，生态环境质量显著提升，人民安居乐业、社会安定有序的良好局面得到巩固，城市健康可持续发展稳步推进。上海人民城市建设实践探索为城市居民的高品质生活提供了有力保障。

人民城市是上海城市治理的鲜明底色。瞄准人民群众最关心最直接最现实的利益问题，尽力而为，量力而行，是上海推进超大城市治

理现代化的科学方法。早在 1993 年，上海就提出"进百家门、访百家情、解百家难、暖百家心"的"四百"工作法，成为基层干部巩固群众基础、筑牢基层治理根基的关键一招。进入新时代，关注白领、蓝领、青年人、老年人、新市民等不同群体在城市生活方方面面的需求差异，在幼有所育、学有所教、劳有所得、病有所医、老有所养、住有所居、弱有所扶上持续用力，不断提高公共服务均衡化、优质化水平，让各类人群平等享受城市发展红利。

人民满意是上海城市治理的基本准绳。上海充分尊重市民对城市发展决策的知情权、参与权和监督权，增强人民归属感和主人翁意识，激发人民首创精神，畅通民意反映渠道，注重人民参与实效，把人民关心的事情做到人民的心坎上，以人民满意不满意、生活方便不方便为重要评判标准，把城市发展成果切实转化为可感知、可衡量的人民生活品质。政务服务"好差评"制度和"办不成事反映窗口"精准感知企业群众不愉快、不顺畅、难理解的办事体验，评价、反馈、整改、监督全流程闭环工作机制良性运转，政务服务线上线下服务满意度不断提升。

（二）以人民城市理念统领超大城市治理现代的上海新实践新探索

第一，强化党建引领城市治理的"善治"体系建构。上海在城市治理现代化探索过程中，始终坚持党组织引领基层社会治理和城市治理，充分发挥党组织和党员"双报到"作用，有效破解充电桩、加装电梯等社区治理难题；加强党建引领业委会规范化高质量发展，回应业委会矛盾多、困难多、问题多等问题，提升业主自我管理、自我监督、自我服务能力水平。强化区域内资源整合，联手驻区域内资源，打造社区政工师、社区规划师、社区健康师和社区党建顾问、社区治理顾问、社区法律顾问等"三师三顾问"队伍，提升专业化治理水平。打造共建共治共享联盟。以产业联动、品牌带动和文化触动，引领组建产业发展共同体和街区服务矩阵，推动价值共创、服务融通和成果共享。

第二，贯通"最后一公里"，增强公共服务的可及性。上海这些年在探索服务市民和法人的过程中，始终坚持公共服务的可及性和均衡性原则，追求政务服务便捷性和普惠度。如个人事项"全市通办"更加便捷，市民的满意度大大提升；长三角一体化示范区"跨省通办"更加普及，"线下帮办"无微不至，为企服务营商环境持续优化。强调公共服务均衡和可及性。"15分钟社区生活圈"汇聚智慧菜场、上学就医、共享充电桩、社区公共空间等多样化功能。法律咨询、社区康复、房屋租赁、公益活动、矛盾调处、就业招聘等公共服务不断向园区、社区下沉和延伸，家门口、楼门口服务"触手可及"。市民生活品质不断提升，社区综合为老服务中心数量不断扩大，嵌入式养老服务大力发展，高品质社区食堂的可及性和便捷性不断提升。

第三，彰显"绣花功夫"，提升城市精细化治理水平。上海连续出台三轮《上海城市管理精细化三年行动计划》，坚持一个核心（即以人民为中心）、三全（即全过程、全覆盖、全天候）、四化（即法治化、社会化、智能化和标准化）原则，加强隐患整治、增强安全韧性、提升人居环境。从布局"纵向到底、横向到边"的城市网格化管理体系，到划分责任网格、党建微网格、最小管理单元数字治理等超大城市治理基层神经末梢的创新载体，使上海这座超大城市精细化治理的空间规划和责任体系更加完善。精细化治理手段更加多元。运用大数据、云计算、人工智能等科学化、智能化手段，成为推动上海城市精细化治理的常态。城市运行"一网统管"形成市、区、街镇三级平台，贯通五级应用，超大城市观、管、防、处能力不断提升。精细化治理成效不断显现。架空线入地、合杆整治、垃圾分类、马路"拉链"、居民"拎马桶"、电动自行车安全等一桩桩治理难事变成民生实事，市民安全感、幸福感和满意度不断提升。

第四，聚焦韧性安全建设高水平平安城市。超大城市具有规模大、密度高、流速快、关联强等特点，风险社会加剧超大城市运行的不确定性，城市韧性安全水平受到挑战。2024 年 9 月，台风"贝碧嘉""普拉桑"相继登陆上海，考验了上海防灾减灾的防控体系，防汛工作取得了显著成效。一是始终坚持人民至上、生命至上的理念，把"不死人、少伤人"作为防汛防台的基本底线，所有的一切防控措施把人的生命安全放在至高无上的地位；二是领导高度重视，多部门密切协同，保障信息和资源及时共享，指令调度高度统一，各级政府和部门资源形成了防汛防台的整体合力，为防汛防台成功提供了坚强的组织保障；三是市民的高度自觉和积极参与，响应政府防汛防台的指令和要求，坚持"非必要不出门""非必要不点外卖"等自觉行为，减少相关人员在台风灾害中暴露度，降低了市民和外卖人员外出的风险，为防汛防台工作提供了群众基础；四是充分发挥技术赋能的作用，确保台风暴雨预测预警工作精准和高效，提高了指挥动员机制的科学性和智能化水平，为防汛防台工作提供了有效的技术支撑。从两次台风成功应对来看，从理念、制度、主体和技术四个维度夯实了超大城市韧性安全建设的底座，为推进超大城市韧性安全建设提供了坚实保障。

第五，善用规则之治推进城市治理现代化进程。上海在城市治理现代化过程中，始终坚持运用规则之治和制度创新推动依法治市和法治治理过程。如浦东新区探索"小快灵"立法实践，坚持急用先行、成熟优先，在提升立法针对性、时效性和可操作性的同时，降低了法规的风险。还有以机制创新推动矛盾化解，如虹口区率先探索打造派出所、司法所、律师事务所"三所联动"矛盾纠纷多元化解机制，并逐渐将联动范围拓展到检察院、法院、民政、市场监管等部门，以及妇联、共青团等群团组织，推动源头治理、避免行业性风险，防止矛盾复发和矛盾升级，确保城市运行安全有序。上海城市治理实践探索中始终树立法治思维和法治观念，应用法治手段破解城市治理的难点和堵点，不断提升城市治理的法治化水平。

第六，运用技术赋能提升超大城市数智治理能力。习近平总书记强调："一流城市要有一流治理，要注重在科学化、精细化、智能化上下功夫。"上海在强化创造与使用中推动城市治理数字化全面转型，以政务服务"一网通办"、城市运行"一网统管"为"两张网"牵引上海超大城市治理手段创新、模式创新和理念创新，提升城市数字治理的效能和便捷度。近年来，数字技术对经济、生活、治理等领域的全方位赋能、整体性重塑和革命性再造优势日益凸显。上海在统筹发展与安全中持续推进技术向善，构建负责任的数字技术赋能模式，加速应对数据泄露、算法歧视、算法伦理、AI诈骗、数字鸿沟、社会极化等问题的制度安全和敏捷机制建构，为新技术应用保驾护航，确保"科学"与"价值"两者之间的平衡，满足人民对城市美好数字生活的向往。

四、未来超大城市治理现代化须坚守的发力方向

超大城市治理现代化需要形成可复制、可推广的经验，未来可从以下几方面持续发力，久久为功。

一是进一步坚持"以人民为中心"的城市治理现代化。城市治理

归根结底是为了让人民生活更美好。城市治理现代化最重要的是让人民成为城市建设、治理和发展的主体，同时也需要始终把人民的满意度作为衡量治理成效的首要标准。在推进城市治理现代化的各项改革措施时，倾听人民的声音、回应人民的诉求、看见人民的难处、满足人民的期待，鼓励人民参与到城市规划、发展和治理的各个环节，将"人民性"贯穿城市治理现代化的方方面面，践行"人民城市"的重要理念。

二是加强党建引领城市治理共同体建设。中国共产党始终是中国特色社会主义事业的领导核心，发挥着总揽全局、协调各方的功能。实践充分证明，党的领导是做好党和国家各项工作的根本保证。在城市治理现代化过程中，要充分发挥党组织的政治功能、组织功能和思想功能，统筹发挥好政府、社会、市民等各方力量，高质量地推进城市治理现代化建设。在党建引领下，探索区域化党建、楼宇党建和新就业群体党建等多种党建模式，动员更多主体参与超大城市治理过程，实现人人参与、人人负责、人人奉献和人人共享的超大城市治理共同体建设，确保人民城市人民建、人民城市为人民的人民城市重要理念落到实处。

三是持续深化城市管理体制机制改革。随着城市规模的扩大和治理复杂性的增加，传统的城市管理模式会逐渐无法完全适应现代城市治理的需求。城市治理现代化应当在体制机制上大胆创新，推动政府管理职能的适应性转变，整体性的重塑，提升行政能力、优化政务服务、提高政府治理的效能和透明度，同时引导社会力量、市场主体共同参与城市治理的全过程，尤其发挥企业、社会组织、居民参与公共服务供给的合作生产功能。政府角色也要适时从"管理者"转变为"协调者""服务者"，提高涉企、涉民服务能力，构建能"高效处置一件事"和"高效办成一件事"的整体性政府、敏捷型政府。

四是打造城市可持续发展的现代化。在推动城市经济社会高速发展的同时，绿色发展已成为各国城市治理现代化不可忽视的重要内容。我们的城市规划不能仅仅追求经济增长的质量和速度，更要确保生态环境的可持续性，牢固树立绿色发展理念，将生态文明建设融入城市发展的方方面面，使我们城市在未来依然宜居、美丽和可持续，满足人民群众对美好生活的向往。

五是抓住数字技术赋能治理转型的重要路径。放眼全球，数字技术的发展已经成为推动城市治理现代化的核心动力。城市治理现代化应发挥数字化、智能化的管理手段对提升城市治理效率的牵引作用，通过大数据、物联网、人工智能、区块链等新兴技术的深度应用，实现城市管理的精准化、智能化、科学化。上海通过"一网统管"和"一网通办"两大平台，打造了高效、透明和敏捷的数字政府模式，使其成为牵引城市治理各项工作的"牛鼻子"工程。因此，数字技术赋能是数字时代城市治理现代化的必然选择，也是城市治理效能迭代升级的核心驱动力。

第二章

协同有序：党建引领网格化治理推动形成
城市治理新体系

城市治理现代化包括治理体系现代化和治理能力现代化两项内容。其中，城市治理体系的构建与良性运转是城市治理能力的基础，关乎城市良政善治。"构建人人参与、人人负责、人人奉献、人人共享的城市治理共同体"，为超大城市治理体系现代化指明了方向。党的二十届三中全会审议通过的《中共中央关于进一步全面深化改革、推进中国式现代化的决定》提出，"推动形成超大特大城市智慧高效治理新体系"。近年来，上海从人民城市重要理念出发，以党建引领推进"多格合一"改革为线索，在街镇与居村之间设置"综合网格"，以网格化治理推动城市治理重心下移，走出了一条城市治理体系现代化的新路。

一、城市治理体系创新的缘起和动因

城市治理之于生活在城市中的居住者来说，就像是气候和天气，影响着每个人、每一天的生活。一座城市的运行和温度，在于城市能否将每一个生活在城市中的个体纳入城市治理的有机体中，形成一个紧密联系、协同有序的治理网络。超大城市治理一直是世界性的难题，也是推进国家治理体系和治理能力现代化必须回答好的问题。

从人民城市重要理念出发，城市发展依靠人民、城市治理为了人

民，是上海市城市治理现代化的破题之路。这一治理理念也是对超大城市治理面临着一系列亟待解决的时代难题的一次解答。这些问题包括：随着城市社会经济发展出现的"三新"领域各类群体的融入问题、基层治理资源的整合难题、治理回应性不足问题等。

（一）城市新群体的融入难题

"三新"领域是指新经济组织、新社会组织、新就业群体。随着城市经济社会的发展，"三新"领域的形成不仅是城市快速发展的剪影，也带来其中新社会群体的城市融入问题。很多"三新"领域群体处于城市治理体系的边缘或缝隙，成为必须重视的对象。

根据调研资料显示，上海市的"三新"领域新群体包括快递员、外卖送餐员、网约车司机、网络主播等，他们随着新经济、新技术、新业态的发展而兴起，成为城市劳动力市场的重要组成部分。

"三新"领域的新社会群体在城市建设、发展和治理的各个领域和环节中均扮演着重要角色，他们通过提供各种服务，为城市居民的生活带来了极大的便利。然而，目前的问题在于，单位制解体以后业已形成的以"街道—社区"为基本架构的治理体系往往难以完全覆盖和吸纳这些群体，"微观"居民区服务范畴也难以将新业态、新形态的劳动者纳入。其中有客观因素，例如，由于工作性质，他们常常面临工作时间不固定、工作环境不稳定等问题，导致他们在时空上与社区公共生活存在错位，其大部分工作时间都在社区"围墙"之外。又比如，这些劳动者每天忙于各类相对微小或细分的工作，疲于奔命，没有余力与热情参与城市治理，表达自己对城市建设发展的意见和建议。

但不能忽视的是，这些新社会群体也有各自的诉求。随着他们对于美好生活需求的不断丰富多元，其对城市生活的满意度、对城市公共事务的参与热情也逐渐涌现出来，需要城市治理体系的包容与吸纳。然而，目前我国城市治理普遍存在新社会群体与企业需求、工作群体与居住群体需求、老年人与年轻人需求等矛盾冲突交织并存的复杂局面，社区公共服务项目和内容与新社会群体所需所盼难免存在供需上的错位，如何重视各类群体的公共服务需求，将其纳入社区公共物品的合作供给中来，成为城市治理改革与创新的重要内容。

新社会群体的兴起也带来城市治理边界的拓展。传统城市社会治理只需要管理好"围墙内"的事务，但新社会群体的主要活动空间则在"围墙外"。例如，外卖小哥日常穿梭于城市大街小巷、都市白领常常工作在高层楼宇……这就要求城市治理体系要持续创新，调整或再造社会治理单元，将传统的、政府单向度主导的城市治理体系与城市社会新群体的活动时空结合起来，尝试"墙内墙外"互动新模式，撬动"墙外"资源有效对接"墙内"需求，寻求打破社区内外界限的城市社会治理新路径，持续扩大对新兴领域各类群体的引领凝聚，满足他们对城市生活的美好期待。

（二）城市治理成本攀升

城市治理的重心在基层。近年来，随着治理重心的持续下移，城市基层治理的"担子"越来越多、责任越来越大。例如，当前上海市基层治理面临几项突出难题：首先，社区承担的工作量越来越大。社区是联系服务群众的"最先一公里"，居民往往无法准确区分职能范围或事情难易，习惯于第一时间找居民区书记，"一口子"反映给居委会，在街镇村居日益形成治理共同体的背景下，"小巷总理"等居委干部的工作负担持续放大，且一般难以得到有效疏解。此外，街镇村居往往缺乏融会贯通的能力和实实在在的资源，却承担很多超载的治理任务，面对"无限诉求"时，常常陷入"事难解决"和"事要解决"的矛盾状态。随着 12345 热线平台等城市数字治理平台的对市民"满意度"的重视，街道和社区在热线压力下成为"责任共同体"，需要承担工单下派中的兜底工作和责任，存在责任无限兜底的倾向。

以上问题都表明现行的城市治理体系出现了这样或那样的问题，尤其可以看出，现行治理体系里政府的角色是突出的，其他治理主体的角色较弱。政府行政导向的治理模式主导了城市治理大部分公共事务的治理工作，社区居民、社会组织、市场等主体参与政府工作的共治机制出现局部运作不畅，甚至相关机制建设存在不足或缺位。

如何改善治理体系中政府单一主体责任过多、多元主体介入较少的困境？如何将碎片化的治理资源整合拼成多元主体共建共治共享的"同心圆"，需要城市治理体系的优化与再组织。

通过重构多元主体的治理功能、理顺主体关系、变革公共服务等做法缓和基层"小马拉大车"的行政兜底难题，构建多元治理主体之间有机融合、良性互动的关系，整合资源聚焦社区治理的高频事项和痛点、堵点、难点问题，做好治理资源的内生性整合。

（三）政府治理回应性不足

城市治理是一项系统工程，城市体量大，产生的诉求数量多、复杂程度也相对高。尤其是近年来随着人民城市重要理念的提出，城市治理的观念、制度和创新风格等都出现了重要变化，可用"回应性治理"简要概括业已形成的新治理模式。而受制于治理规模和成本的约束，如何切实将回应性治理落到实处、如何及时最大限度地吸纳群众的诉求、如何精准地回应群众诉求、如何结合共性诉求改进政府工作，都需要从治理体系创新层面加以回应。

而一旦产生政府回应性不足的问题，可能带来以下几个方面的风险：第一，由于无法及时回应群众的诉求，很多政策失去精准性，产生政策失灵的现象；第二，当回应群众不及时之时，可能会影响群众对城市治理的信心；第三，一些社会风险往往就是回应性不足带来的外溢现象，需要谨小慎微、防患于未然。

当前，政府的各项职能还没有完全转轨到回应性治理模式，基层街镇的工作还往往局限在上级布置的工作任务范围中，工作范围之外的综合治理工作尤其是政府与体制外其他主体互动交往的工作相对滞后。但从回应性治理的预期目标看，基层政府需要通过日常发现、主动回应、积极协商解决，并根据属地治理实际构建"一件事"到"一类事"的治理机制，强化属地治理的能动性。

这就需要城市治理体系的改革将政府与其他治理主体的关系拉近，尤其是形塑出新的政民共治机制。党建引领城市治理共同体建设的推进，党组织、政府、市民、市场、社会等复杂关联的主体需要一个更扁平的治理体系去塑造共建共治共享的新体系、新关系。

此外，回应性治理还需要将问题解决在发现的前端，不断满足群众对城市美好生活的期盼。以市民实际感受为考量，以不同主体需求为导向，从大处着眼、小处着手，找准工作抓手和切入点，建立健全问题收集和回应机制，以可观可感的实效提升群众获得感和满意度。

二、城市网格化治理的上海探索[1]

党的二十大报告强调："坚持大抓基层的鲜明导向，抓党建促乡村振兴，加强城市社区党建工作，推进以党建引领基层治理，持续整顿软弱涣散基层党组织，把基层党组织建设成为有效实现党的领导的

---

[1] 资料来源：本章所涉数据均由上海市住房城乡建设管理委提供。

坚强战斗堡垒。"同时强调要"完善网格化管理、精细化服务、信息化支撑的基层治理平台"。上海构建城市治理体系创新的破题思路是以基层"网格"为基础，构建城市治理的基础性平台，形成功能定位科学、资源要素集约、协同联动高效、共治活力迸发的网格化城市治理体系。"网格"既是城市治理行政体系的"最低层级"，承载着"事上"和"安下"的重要功能，[1] 也是治理体系构建的"抓手"。

（一）"一网统管"：上海网格化管理的体系沿革

上海市的网格化管理改革走在全国前列。2005 年上海开始逐步推进城市网格化管理工作，以居、村委边界为主要原则划分责任网格。2013 年施行的《上海市城市网格化管理办法》明确了责任网格的定义："责任网格是指按照标准划分形成的边界清晰、大小适当的管理区域，是城市网格化管理的地理基本单位"。2014 年市委、市政府印发的《关于进一步创新社会治理加强基层建设的意见》要求"以城市网格化管理中的责任网格为基准，以有利于精细化管理、有利于治理资源整合、有利于管理责任落实为原则，科学设置管理网格。"2015 年，市编委印发《关于深化街镇体制改革有关问题的通知》，各街镇成立正科级网格化管理中心。市、区、街镇三级城市网格化管理体系基本形成，全市责任网格近 6000 个。经过十余年的改革，网格化管理在改善上海城市治理面貌、塑造基层治理秩序等方面发挥了巨大作用，逐步实现了"一网统管"的治理架构，凸显出"像绣花针一样精细"的城市治理工作风格和改革面貌。

（二）"一网同治"："多格合一"改革的目标愿景

为了进一步提高基层治理体系与能力现代化建设的水平，减少治

---

[1]　肖滨：《基层治理：何种结构性困境？根源何在？》，《探索与争鸣》2023 年第 1 期。

理缝隙，提高整体性治理水平，构建基层治理共同体，上海市进一步推进"管理网格"向"治理网格"转型，形成"多格合一""一网同治"的基层治理架构。2020 年 8 月，由市公安局牵头起草了《"多格合一"联勤联动工作试点运行方案（征求意见稿）》，推进公安派出所警务责任区与城市管理网格的"多格合一"。同时在网格物理空间整合的基础上，进一步充实网格力量，将条上的行政执法力量与块上的各类社会、自治力量，组成责任网格内全方面的联勤联动巡查处置力量。截至 2024 年 7 月，各区均已完成"多格合一"工作，对照警务责任区的划分，形成了警务网格和责任网格之间"一对一"或者"一对多"的关系。据市住建委通过各区城运（网格）部门统计，截至 2024 年 6 月，"多格合一"后全市共有责任网格 1859 个，相比改革前期减少近 70%。在此基础上，上海市各区为适应城市管理精细化的要求，将责任网格进一步划细，明确管理边界和事项范围，如嘉定区按居村边界细分责任网格；闵行区还将责任网格内的街区、楼宇与村居一同进行细分；浦东新区更细分至小区，划分成"精细单元网格"，相关管理、执法力量下沉到了最基层。

责任网格内主要由网格工作人员和条线人员组成。网格工作人员分为管理人员、信息员和监督员三类，管理人员和信息员隶属于街镇城运中心，下沉至责任网格；监督员在责任网格内负责街面巡查和监督。另有辅助力量人员，一般由属地购买，混编混用，在街面从事网格、门责、保安等工作。据市住建委通过各区城运（网格）部门统计，截至 2024 年 6 月，全市街镇城运中心有管理人员 694 人，信息员 1055 人；责任网格内约有监督员 3187 人；街面辅助力量 121 家单位，约有 1232 人。条线人员主要由公安、城管、市场监管等执法单位和已下沉至街镇的房管、绿化、市容等管理单位组成。据了解，城管和大多数管理部门采取"坐班式"常驻网格，公安、市场监管等执法部门因人数限制采取"报到式"派驻网格。各区责任网格内条线人员人数不一，主要以管理事项为依据配备人员。两种机制保证了条线部门与属地街镇的力量在网格中的重组与整合。

此外，责任网格内的网格工作人员由市街镇城运（网格）中心管理，负责网格日常工作运行；条线人员由各条线部门管理，工作任务由街镇城运（网格）平台派遣，主要来源为网格、12345 热线及各类区级平台。对于一般问题，按照《上海市城市网格化综合管理标准》规定的 15 大类、183 小类网格化部件事件的处置要求，各负其责、各司其职；对于特殊问题，如疑难案件、反复案件、影响面大的案件，由责任网格组织网格、公安、城管、综治等部门开展联动处置，实现"高效处置一件事"。在此基础上，"多格合一"试点改革施行后，上海基层治理形成了"一网同治"的基本架构。

"一网同治"不仅仅是政府管理体制的整体性再造，还涉及对各类社会组织、群体的包容和吸纳。传统社区治理的工作重心在"围墙内"，"一网同治"模式形成之后，基层治理范围延伸到"围墙外""马路上"。网格就具备了社会动员的功能，网格覆盖范围内的"两企三新"、新就业群体等治理力量都能参与到网格治理中来。

"多格合一"施行后形成的综合网格"治理"属性凸显出来，实践中，从以单向性、应急式为主要特征的网格管理，向以融合性、系统化为主要特征的网格治理转变：走向讲究合作包容的管理、服务并重；走向社会主体间、互联互动的多元共治；走向更大范围、更深层次的各方利益协调。

三、党建引领网格化治理的实践逻辑

在前期试点基础上，2025 年 1 月，市委办公厅印发《关于坚持党建引领推进"多格合一"不断探索超大城市基层治理新路的意见》（以下简称《意见》），指出要深入践行人民城市理念，推行党建引领网格治理，促进各层级上下联动，形成齐抓共管合力，提升城市治理整体效能。明确要求围绕"城市治理共同体"的建设目标，对网格工作进行再认识再深化，以党的建设创新发展作为强大推动力，以党建引领网格治理作为重要路径，在积极探索中开拓基层治理新境界。自此，城市管理网格的治理转型成为上海城市治理体系与能力现代化的重要路径。上海正是以"综合网格"为城市治理基础设施，凸显了基层网格工作的党建引领，并从治理结构再造、治理机制优化、治理平台构建三个维度推进城市治理体系现代化。

（一）凸显网格化工作的党建引领

党建引领是上海"多格合一"改革的主要特点。一方面，通过党建引领，"多格合一"的工作能够顺利推进，各方利益能够在党建引领的总体框架下得到调和；另一方面，通过"多格合一"之后的网格化治理模式，基层党建的治理功能和政治功能更为凸显。在改革的具体落地中，这一过程通过三个方面的举措实现。

1. 基层党建与网格的双向嵌入

管理网格的治理转型的突出创新在于强化党组织依托网格对基层治理各项工作的引领，寓党建于网格，拓展网格的管理边界，推动管理网格的治理化转型，在政府角色之外，增强网格的共治属性。

《意见》明确提出："以组建街区党组织为抓手实现基层党的组织

体系全覆盖。"与前期的网格管理相比，党建对网格工作的赋能主要体现在网格功能的扩展，网格治理的功能不仅仅在于公共管理、公共服务和公共安全的"三公职能"，其管理范围也不仅仅局限于街面范围，而是将政府管理功能拓展为社会治理功能，将管理范围由"网格"拓展为"全域"，其参与主体也不仅仅是政府，还有居民、社会组织、沿街商户、属地企业等。

在强化网格党建的基础上，网格治理也反过来推进了党建社会化的进程。与管理网格侧重街面治理相比，治理网格更加注重沿着各类党组织网络，向各种经济形态、社会领域的群体进行延伸。

《意见》指出，"以党群服务阵地为依托做实网格党建枢纽节点"，"充分发挥党群服务阵地直面一线、离党员群众最近的优势，推动网格内各类治理载体设在阵地、议事协商落在阵地、党组织运行活动聚在阵地"。这说明"多格合一"改革之后，网格已成为上海市基层党建工作社会化、治理化和构建城市治理新体系的枢纽。

2. 党建赋能网格资源的整体性融合

党建引领的网格化治理目标是破解基层治理的根节难题，缓和基层治理"小马拉大车"的结构性困境。治理能力的基础是资源，上海市此次改革以治理平台的资源强化为导向，以建立网格党建联席会议制度为基础，实现了治理资源的整体性整合：其一，条块资源的整合。根据《意见》精神，综合网格创新条块行政力量的组织创新，推动生成了由城管、城建、城运、党建以及公安、市场监管等派驻或下沉网格的工作力量在网格内的整合。其二，社会资源的整合。《意见》还要求将街区、居村、楼宇、园区等党组织整合为联席会议成员，横向拓展了各类社会力量和资源深度参与网格治理，推动党建引领网格治理从单一行政手段向党群、市场和社会等多种手段综合并用转变。

两类资源的紧密结合使得城市治理体系的资源基础得以夯实。

3. 党建强化网格平台的治理功能

网格化治理的最终落脚点是将"网格"打造为议事协商共治平台，党建引领机制很好地强化了网格的平台功能。《意见》指出，"积极践行全过程人民民主重大理念，拓宽协商议事渠道，广泛搭建'街事会''楼委会'等载体平台，用好'听证会、协调会、评议会'等工作方法，形成网格治理的'最大公约数'"。

同时，在力量整合方面，通过吸纳志愿者队伍、"两企三新"党员、快递员、网约配送员等新就业群体，以及"小个专"和各类能人、达人等治理力量，形成多元参与的治理合力。

（二）构建网格化支撑的治理体系

在党建引领的基础上，网格形成了支撑基层治理体系再造的重要支点，持续赋能城市治理体系的塑造与优化，构建"横向到边、纵向到底"的治理体系。

第一，以网格为接点，推动治理体系纵向到底。上海持续推动街镇以下层级的治理体系建设，以"网格"为"接点"，形成街（镇）—居（村）立体化的治理体系。同时，推动条线资源沉网入格，实现治理重心下移及资源的整合。上海各区、各街镇通过织密网格体系，通过党建引领整合资源，推动条线管理服务资源、社区自治共治资源"联网入格"。在"一网通办"和"一网统管"总体架构下，把党建和政法综治、民政、城管、信访、市场监管、卫生健康、生态环境、应急管理等治理力量常态化下沉至网格。搭建"条"与"块"工作互联互融、协同共治的平台，最大限度地凝聚基层治理合力。

第二，以网格为枢纽，推动治理体系横向到边，形成协同共治机制。一是条块协同。加强党建引领下区域内各类资源的联动，凝聚起更强的攻坚力聚合力，把党的政治优势、组织优势转化为发展优势、治理优势。二是政社合作。通过网格平台，在政府体制力量之外，吸纳市场、社会组织等力量参与治理，形成多元共治的格局。

（三）创新网格化联动的治理机制

"多格合一"形成的综合网格本质上是一个机制集成的治理平台，它不是个行政层级，也不是个领导层次，综合网格建于街镇居村，不包办基层工作，不影响条块正常的工作职能。"多格合一"的目标是构建网格联动的体系化治理网络，而治理体系的良好运作在于治理机制流畅运作。上海各区、各街镇在"多格合一"试点中形成了诸多共性机制的集成式创新，释放了改革的制度效能。

第一，整体性治理机制。网格化治理的最终落脚点还是形成高效协同、有效治理、及时回应群众诉求的治理机制，深化"三个公共"职能在网格治理平台中的融合互通。部分街镇以自然人、法人（商户）等各类人群的需求为出发点，寓管理于服务，以服务促管理、统筹发展与安全。不断缩短服务群众半径，问题得到快速响应、及时处置、有效回应，实现"民呼我应""民投诉我快处"，群众的家园感、认同感、归属感不断增强。同时，进一步细化做实微网格。形成由下而上的问题反映、传达、解决机制和由上而下的资源、权限、力量赋能机制。最后，持续推动党群中心、文化中心、受理中心服务事项及综治中心信访调解事项下沉综合网格，加快实现群众服务"不出格"、问题响应"不出站"，将网格打造为解民忧的整体性治理平台。

第二，问题分层分类解决机制。基层治理情况高度复杂、流变，需要形成针对不同属性、类型事务的差异化治理机制，合理投入和调配治理资源。不少街镇进一步细化街镇之下的治理体系。例如，瑞金二路街道自下而上构建了"居民区—片区—网格—街道行政党组"四级会议制度，分层分类解决基层治理中的各类居民事务。具体运作中，其一，居民区议事机制推动辖区各方力量围绕社区公共事务"零距离"协商，共同解决社区治理突出问题；其二，片区联席会议每两月召开一次，协调片区各类行政资源，解决一般性案件；其三，网格指挥长会议协调辖区内资源，解决复杂性案件；其四，行政党组会议研究城区运行相关工作。街道党工委强化与区级部门沟通，搭建平台，加强部门联动，领导四级会议制度实现纵向贯通，协同合作，高效运行，分层分类，形成了根据具体问题场景构建差异化的问题解决机制。分层分类解决机制解构了基层治理的"事"，不仅节省了治理资源和成本，还使问题得到更加精细化的治理。

第三，数字技术赋能机制。信息化、数字化是上海市网格管理的重要内容。自 2020 年"一网统管"和街镇城运中心建设以来，上海市各街镇在"一网统管"街镇平台的基础上构建了场景化的数字赋能机制，形成了条块协同、政社合作的数字统合型治理模式。例如，瑞金二路街道充分利用信息化技术，建立健全资源共享的数字化管理平台，整合社区基础信息和管理事项，由街道城运中心统揽全局，后台统一派单，及时汇总各部门办案情况，并由纪工委对挂号、延期工单进行督办，以信息化实现问题的闭环管理，持续提高解决问题的能力和水平。技术赋能机制提高了基层治理的回应性和敏捷性。

（四）形成网格化协商的治理平台

城市治理现代化的最终落脚点还是形成城市治理共同体，调动各类主体参与城市公共事务，形成协同、有序和共治的治理体系，彰显出人民城市重要理念下我国城市治理工作联系群众、汇聚民智、凝聚民意的治理价值，形成基层治理平台。上海以"多格合一"为契机，着力提高网格作为基层治理协商议事和群众参与的治理平台功能。

第一，联系群众，将网格打造为联系群众的前端和窗口。在网格的范围里，实现民意的流转和互通。同时，使网格平台成为践行全过程人民民主的支点，深化党建带群建促社建，将基层网格做实成为群众路线的"灯塔""驿站"，让党的群众工作看得见、摸得着。

第二，动员参与，将网格建设为多元力量整合的组织载体。网格治理不仅靠党委、政府单方面用力，而是要广泛动员社会各方参与，打造社区治理共同体。例如，上海的街区党组织通过常态开展街面"四百"大走访，搭建监事会、监委会等治理载体，共同参与街区发展，维护街区秩序，商量街区事务，实现了政治功能和组织功能的不断强化。而对网格内"小个专"新就业群体等的组织发动，使得各类达人、能人成为治理力量，在参与治理中形成共同体的价值认同。

第三，汇聚民智，形成以网格为基础的协商议事平台。综合网格是践行全过程人民民主重大理念的平台。以网格区域化党建为抓手，提炼形成网格公共议题，并有效转化为区域化党建项目和社区共治。发挥工会、共青团、妇联等群团组织的枢纽作用和各类社会组织的专业优势，动员各方力量和资源参与网格治理，充分激发人民群众的聪明才智和公共责任，形成共商、共议、共治的协商治理机制。

四、党建引领网格化治理的未来展望

随着"多格合一"改革从试点转向全面推广，未来网格在城市治理共同体系的构建和可持续运作方面势必会发挥出更为重要的基础性作用，持续强化城市治理体系现代化三个方面的效应。

（一）党建引领治理的政治优势持续彰显

党的领导是全面的、系统的、整体的，城市治理体系的现代化最鲜明的特点就是将基层党的建设、巩固党的执政基础作为贯穿城市治理体系创新的一条红线。"多格合一"的推进，有望实现党建和网格的耦合互构，持续凸显党建引领对城市治理体系现代化建设的四种功能。一是主体补位功能。在政府、市场、社会等组织体系之外，强化党组织对城市治理难题的破解效力、对城市治理体系创新的引领能力，统筹协同居村、楼宇、园区、街区、单位等综合网格内各领域党组织，以高水平党建联建引领带动高质量组织协同、工作联动、治理响应，确保党始终是领导核心、居于主导地位，更好促进党的政治优势转化为网格治理效能。二是监督督促功能。针对综合网格地域范围内城市运行、公共管理、公共服务、公共安全等领域，未被及时处理或落实部件、事件问题以及有关工作部署要求，网格党组织按照职责任务对街镇相关部门和上级有关职能部门进行提醒督促。三是攻坚克难功能。针对共性复杂难题的系统治理的推进，需要发挥党组织引领协调的政治势能，强化对责任不清、职责交叉的城市运行复杂难题的分析研判、分派处置和统筹推进，创新各类机制推动解决居村、楼宇、园区、街区、驻区单位等无法自行协调、处置的疑难复杂问题，提升网格治理效率和公众满意度。四是动员参与功能。通过党建工作的走访机制，对网格内各类组织、群体进行全方位组织发动，收集社情民意、响应群众诉求。创新街道的议事协商机制，形成共建共治共享的工作局面。五是资源整合功能。通过街道党工委发挥区域化党建优势，以党建联建为纽带，立足街道实际，积极探索资源共享、利益联结、互促双赢、共同受益的紧密型区域化党建模式，通过吸引新社会阶层群体、工青妇、统战等各方人士参与各类活动，不断扩大党的凝聚力与影响力，形成治理合力。

（二）城市治理系统施治显著强化

城市治理体系现代化的目标是提高城市治理的协同性、系统性和整体性，弥补治理缝隙、降低治理成本、形成治理合力。网格治理是上海推进超大城市精细化管理、保持城市安全有序运行的有效手段和重要单元，有助于赋能城市治理体系的韧性转型。第一，治理单元的灵活性增强。网格设置在街镇和居村之间，通过科学设置综合网格，既能较好解决街道（乡镇）幅度较大、难以精细的问题，又能较好应对居村工作拓展面不够、工作资源相对不足的情况，具有既无限接近基层、又颇具整合可能的独特优势。第二，治理功能的衔接性提升。通过设置综合网格，推动各类管理网格、服务网络边界合一、标准统一，可以凝聚资源力量、提升处置效率、强化协调联动、加快平急转换，提高了整体性协同的功能，加强市级层面对网格工作的发展规划和统筹管理。第三，治理平台的功能持续凸显。城市治理需要明确职责，形成权责事对等的责任机制，激发各方积极性。上海市目前已实现城市运行责任网格、公安警务责任区，以及行政管理、公共服务、政法综治等各类管理网格、服务网络的"多格合一"，不断夯实城市运行基础，未来将成为基层职责清单落地、多元共治的整体性平台。

（三）推进城市治理共同体行稳致远

以"网格"的治理功能再造为切入点，上海市党建引领"多格合一"实现了以"网格"为纽带的城市治理共同体建设，真正将"四个人人"落到实处。一是坚持把综合网格作为各地区、各系统、各单位在城市基层集成运行各项管理和治理机制的载体平台，将网格打造成边界清晰、覆盖全面、管理灵活的网格体系和街道党工委的治理手臂，使网格单元成为有组织机构、有党员队伍、有活动载体的社区基本单元。二是以网格为基础，推动条和块在网格层面进行工作职能整合、业务流程重塑、体制机制优化，确保综合网格运行更顺畅、更高效、更可持续，不断强化在城市综合管理、基层组织动员、社会资源配置、多元利益协调中的基础性作用。持续推动资源、力量、管理、服务在综合网格集聚整合，切实提升网格工作的系统性、协调性和集约性，打造成为城市基层整体治理、系统施治的有效平台。三是践行人民城市重要理念和价值导向。坚持网格治理处处围绕人、时时为了人，切实推动网格工作在以行政管理和执法作为基本内容的同时，逐步向管理服务并重、多元主体共治、各方利益协调转型发展，努力将综合网格建设成为"社区共同体"，使身在其中的每一个人都能感受到需求被观照、意见被尊重、问题被解决，增进归属认同，形成价值共识。

案例专栏：
嘉定区"微网格"破圈融合各方力量，
畅通基层社会治理"最末梢"[1]

嘉定区"融合型网格"是"多格合一"试点的一项典型案例。"多格合一"试点以来，嘉定区以"三级平台、五级网格"治理体系为基础，在党建引领下推动治理力量、治理资源进一步"破圈融合"、下沉到底，并发挥公安条线的优势，通过精心试点探索，悉心研磨超大城市精细化治理"绣花针"，在全区推广畅通基层社会治理最末梢的"微网格"。通过公安牵头、其他职能部门力量沉到基层，强化基

---

[1] 资料来源于《嘉定公安牵头"微网格"破圈融合畅通基层社会治理"最末梢"》,《解放日报》2024年9月30日。

层党组织力量，充分践行"四下基层"，构建共建共治共享治理格局。在推广过程中，全区基层社会治理成效初显，问题隐患呈全面下降态势，试点4个月以来，试点区域实现主动发现处置各类隐患问题5.1万起，第一时间回应解决群众反映的社会治理问题2120余件，报警类110、12345热线工单分别同比下降15.3%、14.2%。

1. "马陆经验"让居民幸福升格

"人口协管员、城运队员、联勤队员、社工、居委干部……这些原有的社区力量'变身'网格员，由统一评估机制'钉'在各自微网格内。"马陆白银一坊社区周警官打开微网格员的20类86项任务清单，对每位网格员工作成效进行评估。社区力量被有效整合起来，管好自己网格内的所有事，让工作变得更加有效。

周警官所管辖的区域位于地铁11号线周边，地处嘉定新城，实有人口数达4600名，其中来沪人口占比55%。社区按照每300至500户划分原则，被因地制宜划分成4个微网格，每个微网格内配备3名网格员。周警官担任该社区单元副网格长，网格的高度赋权，使他在调动安排12名网格员显性力量时，如臂使手、如手使指开展处突应急、日常防范等各项工作。他同时还承担着对网格员的日常培训和评估，用公安专业知识，发挥网格员布点密、人头熟特点，使社区治理和警务工作变得更加"耳聪目明"。2024年8月14日，有快递员向网格员抱怨某小区一店面房订单送不进去，网格员发现人员进出都从后门走很可疑，遂向民警反映，一个刚偷偷开张的地下"棋牌室"治安隐患很快消除。

马陆这样的微网格达到244个，上层有62个单元网格、10个片区网格，并配套"三所联动"纠纷调解"点、站、室"的三级网格架构体系横向到边、纵向到底全域覆盖。马陆镇以网格为基层治理底盘，打破条线壁垒，加强力量统筹，推动城运、公安、城管、市场、房管、司法等"多网合一"，形成"一个网格，一套人马"工作格局。同时，将"支部建在网格"上，组建19个微网格党支部、178个微网格党小组。在力量融合方面，构建"一网集结"网格队伍体系，结合公安"两进两兼两包"，片区网格长、副网格长分别由镇班子领导，以及属地党组织负责人、派出所相关领导担任，形成面上统筹。单元网格长、副网格长分别由属地党员干部以及社区民警担任，推动块上落实。

"天气炎热，烧烤店容易发生酒后打架滋事！"北管村社区陈警官结合警情分析和经验，安排网格员强化夜间烧烤店等部位重点驻点巡查，为网格员工作重点指明方向。每个微网格内，人口协管员也管乱倒垃圾，城运队员也管治安防范……在公安生力军的主导下，网格员你中有我、我中有你，队伍也不再各管各，而成为一支信息灵敏、行动迅速、处事果断的"正规军"。有了民警的统一管理、指导和带队，网格员队伍的精气神更足，每个网格员的职责范围虽比本职岗位有所扩大，但团队的力量无穷，网格发现隐患问题的能力也得到增强，问题往往就处置在萌芽状态。试点以来，马陆镇网格员发现处置各类隐患4.1万起，化解矛盾纠纷4975起，发动群众反映各类问题2488条。

随着防阻重大风险"一事一奖"及"网格之星""社区警务团队之星"评选等机制的落实，网格员的"比学赶"的工作热情被激发起来，再叠加随时支撑的各部门工作人员、社区党员、平安志愿者、楼组长、热心居民等，社区警务力量也变得空前强大。

2. "力量满格"解群众心头事

"政府各部门一起来到群众身边办实事，让我们感到温暖！"洪德四坊居民杨女士对微网格通过"嘉治理"平台，由民警牵头各部门下沉与群众面对面解决晾晒被子"一根绳"问题感慨颇深。

原来，该小区许多居民是当地拆迁农民，由于生活习惯使然，喜欢在小区里拉绳晒被子，常因影响小区环境被其他居民投诉。物业为治理该问题采用剪绳子的方法，使矛盾一度激化，差点引发打架。社区民警通过微网格一事一议，推动房管、城管等部门介入，会同居委物业选址建立公共晒被点，有效化解矛盾。

嘉定分局将"专业＋机制＋大数据"理念植入微网格，并依托"嘉治理"平台指引微网格部署力量开展"微巡逻"和精准处置。平台内形成网格员自主发现情况、处置及信息流转、反馈的闭环处置流程。对于网格员无法现场处置的复杂问题，同步有"网格吹哨，部门报到"机制保障，通过"提级办理""一事一议"，统筹公安、城管、房管、市场等专业力量"进网入格"赋能支撑。工作中，微网格充分发挥公安生力军作用，派出所所长、民警以兼职身份职责推动城管、市场、司法等21个条线网格包干保障力量"按需入群"，快速形成合力解决群众急难愁盼问题。微网格一体化运作，各部门一荣俱荣、一损俱损，有效破解"九龙治水、各管一摊"的局面。

以往一些困扰末端治理、公安"兜底"的事，通过微网格得以在前端有效化解。马陆北管村余家微网格员在日常巡查中发现，新建农民别墅电瓶车飞线充电现象比较突出。面对消防隐患和群众需求，网格通过公安、城管、消防下沉与村民代表面对面交流。职能部门的下沉指导为村民统一搭建室外合法性、安全性、美观性兼顾的充电棚奠定基础。而对于诸如村民住宅违规搭建群租、劳动密集型企业周边违规设摊、公路沿线绿化带乱停车等一系列涉及多部门管理的"老大难"问题，因为有了微网格平台迎刃而解。

"微网格内一事一议，各部门通过宣传党的路线、方针、政策，调查研究、信访接待、现场办公，让居委与群众沟通更顺畅、工作更高效！"马陆合作一坊居委干部谢女士感慨地说道。

此外，每个微网格设立"三所联动"纠纷调解点，有效拓展延伸"三所联动"触角。这些调解点既组织民警、人民调解员和律师，在法治框架下调处矛盾纠纷，又广泛发动居村法律顾问、党员志愿者、乡贤达人等参与多元化解，试点区域实现矛盾纠纷引发刑事案件"零发生"。

3. "车轮上的党建"破解难题

"感谢拾金不昧的网约车司机！"2024年8月18日下午，市民丁先生来到位于曹安路的一站式充电服务站失物招领点，找回自己遗忘在网约车上的手机。网约车失物招领机制的建立，推动相关警情下降55%。这也是微网格坚持党建引领，在新兴行业解决新问题的一个缩影。

这个充电站主要服务网约车司机，每天有170多人固定住宿，更有平峰700多名、高峰1000多名流动充电的司机在这里用餐休息。面对这样大流量的新兴行业，微网格开展"车轮上的党建"引领，推动司法、卫生、绿容、工会等部门"包干保障力量"，强化网约车司机各方面权利保障及各类矛盾化解，让司机们感受回家般的温暖。社区吴警官关注到辖区内网约车内丢失物品类警情上升的情况，有些甚至转化为司乘之间的矛盾。为此，吴警官建议微网格党小组"一事一议"，召集交通、司法、市场监管等部门介入，会同企业及网约车党员代表共同找原因、寻对策。通过设立失物招领点，企业建立表彰激励机制，引导司机拾金不昧的同时，也放下耽误接单的担心。部门协作、同向发力，让问题迅速得到解决，同时网格还充分发挥网约车司机对道路熟悉的优势，广泛搜集各类意见建议，消除道路安全隐患15个。

除了新形势、新问题，微网格也"啃下"万商灯饰市场这一类治理痛点、难点的"硬骨头"。万商灯饰市场占地百亩，建筑面积近7万平方米，由22幢3层建筑组成，底层为经营店铺，楼上为居住、办公，入驻建材加工、商品批发、餐饮、仓库等多种业态商户达170余家。相比村居社会治理，此类大型综合市场由于历史遗留问题，导致经营业态复杂、人员流动频繁，市场内难免鱼龙混杂、隐患丛生，治理难度显而易见。

常年工作生活在万商灯饰市场的陈老板见证了这里翻天覆地的变化。在微网格建设过程中，7名党员业主、商户及租户聚集起来，成立了全区首个综合市场"商业联合党支部"，形成了一个基层战斗堡垒。作为一名"外乡人"，陈老板和支部成员在这里找到了组织，有了归属感。党支部通过"双报到、双报告、双服务"，在市场推动党员及党员家庭"亮身份、亮职责"行动，凝聚了10名党员成立党员志愿者队伍。在此基础上，万商灯饰市场自主管理委员会成立，属地群裕村党总支成员、商业联合党支部负责人、物业公司、租赁房公司业主等7名骨干担任委员会成员，针对消防隐患突出的栅栏式防盗窗、规范市场停车等涉众治理事务，坚持邀请业主和商户代表共商共研，最终顺利拆除防盗窗639个、新建25处270个电瓶车充电点位、科学设置规范停车位580个。市场物业费、停车费实现盈利后，从"政府输血"转变为"自我供血"的良性循环。试点以来，市场侵财类警情同比下降67%、消防类警情保持"零接报"，实现区级治安、消防重点单位"双摘牌"。

如今，微网格治理下的万商灯饰市场内党群服务点、综合服务中心、"暖心驿站"、少年服务站、微型消防站等相继建立起来，营商环境大为改善。截至2024年底，共开展8场警情通报及防范宣传会，化解10余起矛盾纠纷，为50余名群众提供法律援助，为115名暑期来沪青少年提供托管读书服务。几年前，因市场环境差而"逃离"的商户王女士，再一次来到市场时感叹这种变化，表示考虑回归。而一家新近入驻的互联网短视频企业为市场转变业态带来新的动能。

4. "e嘉人"让大家成为一家人

"免考就能获得教师资格证，看起来就是骗局！"求职者小王在同学群里看到一则广告，联想起小区网格员的防范宣传，就通过微信"e嘉人"小程序反映。嘉定公安发现全国各地因此类广告上当受骗的大有人在，在及时阻断诈骗的同时循线追踪，于2024年7月24日成功摧毁一个证书培训考试类电诈犯罪团伙，一举抓获91人，涉案金额1.5亿余元。

手指轻轻一点，就可反映身边隐患、提出建议、求助求决，并瞬间转入微网格工作处置的信息流转程序。截至2024年9月，通过小程序注册"e嘉人"用户的达到20多万人，随着宣传发动的深入，群众参与积极性、活跃度与日俱增，初步形成居民议事求助的"虚拟社区"。群众有所呼，我必有所应，小程序值守后台24小时运营，并全过程跟踪至闭环解决。群众在日常使用过程中，也日益感受到使用小程序参与社会治理的意义。热心市民李女士感慨地说道，普通百姓通过"e嘉人"成为社会治理的一分子，让左邻右舍真正成为"一家人"。试点以来，群众的广泛参与，在"派出所主防"和"小恶小乱"治理中发挥了重大效能，通过小程序平台在微网格就地解决群众反映各类问题诉求 1580 件。

"感谢民警和网格员为我点亮了心灯！"暂住外冈大陆村的快递员老蔡，前不久送外卖时因楼道门控失灵，将外卖放在楼下而被投诉，他为 20 元的平台罚单竟扬言报复。"e 嘉人"线索流转后，社区索警官立即对老蔡进行约谈教育，并就地邀请人民调解员、村法律顾问一起调解了纠纷。交谈过程中，民警发现老蔡孤身一人，平时苦闷无处发泄，遂发动网格员开展日常关心帮扶，实时掌握动向，老蔡也一下子变得开朗了。这样的矛盾纠纷发现、调解在微网格内屡见不鲜。针对农村老年人没有智能手机、不会使用小程序等普遍现象，大陆村利用党群服务点、睦邻点等阵地，安排微网格员每天下沉收集问题并当场予以解决，对于特殊情况不能当场处理的及时上报并做好记录，消除数字化工作中的盲区。

"e 嘉人"还紧扣"人"这个核心要素，实现人口登记、单位及从业人员登记的"人人会采集、人人能申报"，同时针对一些群众反映的现行违法犯罪，警方也做到坚决从速处置，回应群众期待。在实践中，"e 嘉人"有效推动形成"百万警进千万家""人人参与、人人负责、人人奉献、人人共享"工作格局。

第三章

便捷服务：贯通城市公共服务的"最后一公里"

增强公共服务的均衡性和可及性是推进超大城市治理现代化的重要组成部分。上海以国家战略为引领，坚持"两点论"与"重点论"的统一，推动城市公共服务高质量发展；以"一业一证"等首创性改革为牵引，推动活力和秩序有机统一，为企业提供优质营商环境；围绕"家门口"服务体系和"城市建设者管理者之家"等民生实事工程，不断满足人民群众的美好生活向往。面向未来，上海将继续把握超大城市的独特优势与治理规律，不断提升公共服务的能力和水平。

一、城市治理需要提供便捷服务

习近平总书记强调："健全基本公共服务体系，提高公共服务水平，增强均衡性和可及性，扎实推进共同富裕取得更为明显的实质性进展。"[1]统筹推进基本公共服务体系建设，打通城市公共服务的"最后一公里"，增强基本公共服务均衡性和可及性，为人民群众提供便捷的公共服务，是顺民意、惠民生、暖民心的重要举措，顺应人民对美好生活的向往，这不仅关系到人民群众的生活体验，关系到社会的安全稳定与和谐有序，关系到城市发展能级与城市治理现代化水平，

---

[1] 习近平：《推进中国式现代化需要处理好若干重大关系》，《求是》2023 年第 19 期。

更关系到中国式现代化的发展进程。

（一）把握好国家战略与公共服务的关系

提升城市公共服务水平是服务国家战略的重要举措，国家战略大局也为优化城市公共服务指明方向。在城市公共服务布局上，上海积极主动对接国家战略，以国家战略需求为牵引，在服务国家战略大局中找准定位、明确方向，充分结合城市优势、空间形态、资源特色等深化服务、持续用力、久久为功，在服务国家战略大局中不断优化公共服务布局，完善公共服务体系，补齐公共服务短板，不断提升公共服务布局的合理性、科学性和长远性。2021 年 2 月，国务院批复《虹桥国际开放枢纽建设总体方案》，虹桥国际开放枢纽建设成为国家重大战略任务。作为唯一在该区域内的中心城区，长宁区坚持服务大局和因地制宜相结合，找准自身在全国"一盘棋"中的角色定位和特色优势，主动以"长三角的虹桥""世界的虹桥"的眼光来思考如何以一域之光为全局添彩。为解决东虹桥地区在交通出行网络、公共服务设施能级和生态空间服务能级等方面还有待优化提升的瓶颈，长宁区以服务国家战略为牵引，加强前瞻性思考、全局性谋划和整体性推进，发布实施"规划一张图""交通一张网"，积极做好外环线西段交通功能提升前期工作，统筹谋划区域路网、水网、绿网、管网"四网合一"综合提升行动，着力构建四纵十八横路网体系，不断提高交通通达性和便捷性。

（二）公共服务中坚持"两点论"与"重点论"的统一

坚持"两点论"与"重点论"的统一，是优化公共服务的策略。坚持"两点论"，就是在认识复杂事物的过程时，既要看到主要矛盾，又不忽略次要矛盾；在认识某一矛盾时，既要看到矛盾的主要方面，又不忽略矛盾的次要方面。坚持重点论，就是要善于抓住主要矛盾；

在研究某一矛盾时，要着重把握矛盾的主要方面。[1] 长宁区努力瞄准"牵一发而动全身""一处落子全盘皆活"的方面作为切入点和突破口，抓重点领域和关键环节，力求牵住"牛鼻子"，下好"先手棋"，发挥好政府在公共服务能级提升中的主动性和牵引力。长宁区以"大虹桥"国家战略为服务能级提升的重要契机，在区第十一次党代会、区委全会上统一思想、形成共识，通过具体工作的研究部署深化对国家战略内涵的理解认识。在此基础上，成立由区委书记、区长担任双组长的推进虹桥国家开放枢纽建设领导小组，高位推动各项任务。成立东虹桥发展办公室，抽调全区精干力量，统筹虹桥国际中央商务区长宁片区发展，从体制机制上打破行政边界，凝聚发展合力。统筹长宁片区与虹桥经济技术开发区，推动新老虹桥政策联动、项目联动、发展联动。加强虹桥机场东片区五大驻场单位协同，推进东片区脱胎换骨改造，推进商业园区和城市更新项目快速推进，为区域高质量发展开拓空间。

（三）坚持制度创新与深化改革相融合

坚持制度创新与深化改革相融合是提升公共服务能级的关键。制度创新为优化服务提供保障，深化改革是优化服务的动力，制度创新与深化改革相融合既考验改革的定力，又考验改革的魄力，有助于从深层次提升公共服务能级。长宁区围绕打造市场化、法治化、国际化一流营商环境大胆试、大胆闯，创建成为全国首批、上海唯一的网络市场监管与服务示范区，颁发上海首张"一址两证""一址两用"食品生产许可证，[2] 在全市首发市场监管领域《注册许可容缺办理事项清

---

[1] 周根山：《坚持两点论和重点论的统一》，《中国纪检监察报》2024 年 12 月 5 日。

[2] 《上海率先颁发首张"一址两用"食品生产许可证》，载上海市人民政府网，2023 年 3 月 1 日。

单》，构建国内首个集调解、仲裁、审判于一体的航空争议一站式解决平台，成立东虹桥检察服务站，率先成立汇聚各类知识产权运营要素的综合性服务平台，建立健全营商体验官制度。在人才服务上，长宁区首推"外国人永久居留身份证创办科技型企业""国际学校面向全国招生试点"等政策落地，获批境外高层次人才在华永久居留受理权限。2023 年审批通过外国人来华工作许可 5500 件，外籍"高精尖缺"人才办理量超过 900 人次。[1] 从成效上看，长宁片区税收总量从 2020 年的 111 亿元增长到 2023 年的 188 亿元，[2] 以占虹桥国际中央商务区不到七分之一的面积贡献了五分之二的税收，总量位居四个片区之首。

"一址两用"食品生产许可证。2023 年 2 月 27 日，上海市市场监管局和长宁区市场监管局共同为联合利华（中国）有限公司上海分公司颁发食品生产许可证。有了这张许可证，意味着原本只能进行食品研发的实验工厂，可以直接从事食品生产，实现食品研发、食品生产"一址两用"。上海市市场监管局在联合利华的研发中心实地调研时发现，企业关心如何让新产品快速投放市场，而企业的研发中心其实具备了进行小规模生产的基本条件。在市场监管部门的指导下，联合利华调整了产品研发中心的空间布局，并制定了符合"生产＋研发"的人员管理、设施设备、物流仓储等配套制度，为获得"一址两用"许可证创造了条件。在获得"一址两用"许可证之前，企业研发的新产品在进行小部分消费者体验、调试后就由工厂进行大规模投产。在获得"一址两用"许可证之后，企业可以选择在研发中心进行小批量生

---

[1]《以数字创新为驱动　上海长宁着力做强临空经济、数字经济、开放经济》，载央广网，2024 年 3 月 2 日。

[2]《"大虹桥"三年建设卓有成效》，《上海科技报》2024 年 3 月 6 日。

产，投放市场"试水"后再决定是否扩大生产规模，既帮助企业降低了产品风险，又推动了新产品及时触达消费者，加速了新产品的商业化进程。

（四）以开放服务平台创新服务供给方式

搭建开放服务平台是创新服务供给方式的重要途径。长宁区结合区域外籍人士较多的特色，坚持向全球开放，树立全球视野和世界眼光，扩大高水平开放，吸纳国际高端资源，积极融入全球产业链价值链；坚持向区域开放，示范引领长三角一体化发展，在区域协同中完善分工、优化合作，实现价值共生；坚持向多元主体开放，吸纳优秀企业、社会组织等各方力量参与服务体系建设，为优化公共服务汇聚磅礴力量。坚持产城融合、职住平衡，打造宜居宜业发展环境，吸引更多优质企业和优秀人才，持续提升上海虹桥海外人才一站式服务中心的内涵和功能，构建涵盖65项政务和生活服务的差异化服务体系，着力打造立足虹桥商务区、辐射长三角、面向国家的枢纽型、标杆性的全生命周期海外人才服务综合体。长宁片区累计筹措建设9000多套租赁住房，[1]实施留学回国（境）人才专属安居政策，助力企业引进一大批海外优秀人才，高标准打造外环生态绿道、虹桥体育公园、临空滑板公园等公共空间，为人才工作和生活提供良好环境，推动人才安身、安业、安心。在民生服务上，长宁区在人才共育、市场监管、卫生健康、体育事业、文化旅游、生态环保、养老一体化、政务服务跨省通办等多个领域推进多层次、多途径的跨区域合作交流，巩固长三角地区国家公共文化服务体系示范区（项目）合作机制，探索推进律师个人执业许可证长三角跨省互认通办改革，3家养老机构入

---

[1]《市政府新闻发布会问答实录（2024年3月2日）》，载上海市人民政府，2024年3月3日。

选首批长三角异地养老机构名单。[1]

二、放得活也能管得住，解决好活力和秩序的关系

习近平总书记指出："一个现代化的社会，应该既充满活力又拥有良好秩序，呈现出活力和秩序有机统一。"[2]活力与秩序是中国式现代化必须处理好的若干重大关系之一，活力与秩序的有机统一、动态平衡是现代社会应有的样貌。活力是人民群众在社会生活中呈现出的创造力和生命力，彰显社会的丰富性和多样性，是社会进步的驱动力；秩序是一种井然有序的社会状态，是社会活动正常开展的前提。[3]只有坚持活而不乱，活跃有序，寓活力于秩序之中，寓秩序于活力之上，科学有效协调两者的关系，中国式现代化才能稳步向前。[4]

深化改革是激发新发展活力的根本动力。近年来，上海积极推动政务服务改革，企业和群众到政府办事材料更加精简，流程更加便捷，效率不断提升，体验更加友好，通过消除阻碍市场活力和人民群众创造力的制度性障碍，持续激发市场活力。同时，树立大监管理念，实施大监管策略，创新监管方式方法，通过远程监管、"云监码"[5]等创新做法完善"有求必应，无事不扰"的店小二服务，避免

［1］　长宁区案例编写组：《服务融入"大虹桥"奋力打造"最虹桥"》，《解放日报》2024 年7 月18 日。

［2］　习近平：《正确认识和把握中长期经济社会发展重大问题》，《求是》2021 年第2 期。

［3］　严国萍：《处理好活力和秩序的关系》，《人民日报》2024 年8 月13 日。

［4］　本报评论部：《处理好活力与秩序的关系》，《人民日报》2023 年2 月27 日。

［5］　松江区案例编写组：《运用"云监码"创新"双随机、一公开"监管》，《解放日报》2024 年8 月18 日。

监管部门的频繁叨扰对企业正常经营活动的影响。

"云监码"赋能"双随机、一公开"。"云监码"全称"云间抽查监督码"。上海市松江区为减企业负担、杜绝随意执法、任性执法，提升执法检查的透明度和企业的知晓度，持续优化营商环境，依托区政务服务"一网通办"和区"互联网＋监管"平台，由区市场监管局牵头，推出了覆盖区人社局、区经委、松江海关等多个部门的涉及重点民生行业企业的数字化监管码。

各行政执法部门在松江区"互联网＋监管"平台中制定双随机抽查计划，随机摇号产生检查对象和执法人员后，系统将自动生成含有双随机检查告知书的"云监码"。松江区"互联网＋监管"平台自动向"一网通办"中的企业专属页面推送"云监码"，企业扫码了解检查时间、检查事项和配合方式，执法人员凭借"云监码"可对企业进行双随机检查。双随机抽查结果向国家企业信用信息公示网公示，并在"一网通办"平台上进行数据归集和公示，形成企业全生命周期管理的数字档案，对检查企业实现全自动随机、全流程告知、全方位公示和全过程跟踪，确保双随机更加便捷、迅速、高效。

"先证后照"改为"先照后证"旨在降低企业准入门槛，但在实践中"准入不准营"问题较为突出。2019 年 7 月，浦东新区率先启动"一业一证"改革试点，提出通过照后减证、简化审批和降低行业准入成本，破解企业"准入不准营"问题的改革举措。"一业一证"改革本质上是聚焦企业开门营业"一件事"，推动审批管理服务从"以政府部门供给为中心"向"以市场主体需求为中心"转变。2020 年，浦东新区"一业一证"改革得到国务院正式批复；2021 年 9 月，上海市人大常委会出台首部浦东新区法规——《上海市浦东新区深化"一业一证"改革规定》，强化了"一业一证"改革的法治保障。

（一）"六个一"推动"一件事"

"一帽牵头"，再造行业管理架构。对纳入"一业一证"改革试点的行业，逐个明确牵头和协同部门，探索一个行业由一个部门牵头、多个部门协同，在推进改革、强化监管、优化服务等方面建立高效协同机制。例如，宾旅馆行业涉及文体旅游、公安、卫生健康等多个部门，"一帽牵头"机制改变了之前各审批部门各自为战的局面，明确由区文体旅游部门牵头，制定综合许可要素流程手册，整合设立依据、受理条件、申请材料、办结时限等，打通宾旅馆开业所需各审批环节。

"一键导航"，再造办事指引方式。为着力解决经营主体进入一个行业"不知道要办什么证""不清楚怎么办"的痛点，浦东新区依托上海市"一网通办"门户网站"一业一证"线上专栏和线下专窗，开发试点行业申办模块，指引经营主体根据自身经营实际，获取准入行业及其许可事项信息，为市场主体提供准确便利的办事导航服务，大幅降低对市场准入制度的学习成本。

"一单告知"，再造行业准入条件。在不改变各部门规定的准入许可条件的前提下，以场所、设备、资金、人员、管理制度等为基本单元，对一个行业所涉及的多个许可证审批条件进行标准化集成。通过网上"智能问答"方式，精准了解市场主体在业务范围、经营规模、工艺流程等方面的个性化特征，定制形成一张与经营主体需求精准匹配的准确、清晰、易懂的告知单，一次性告知经营主体必须具备的许可条件和应当提交的材料。

"一表申请"，再造审批申报方式。基于集成后的行业准入条件和信息要素，将同一行业市场准入许可涉及的多张申请表归并为一张申请表，申请人根据系统提示一次填报即可，从源头上消除市场主体多头填报、重复填报。完善智慧填表系统预填表功能，从政府内部共享信息和市场主体提交的申请材料中自动抓取有关信息要素，预填申请表，再由申请人进行审核、补充和确认，大幅减轻申请人填表负担和政府部门审查负担。

"一标核准"，再造许可审查程序。以审前服务、申请受理、材料审核、现场勘验等为基本程序环节，整合再造各部门审批程序，实现统一受理申请，各有关部门依法定职权并联审批、限时办结，审查结果汇交后再统一发证。变"串联"为"并联"、变"多套"为"一套"，实现一个行业一套统一的审核程序。简化各部门内部流转、报批程序，对简单审批业务授权受理窗口接件即办，对复杂但高频的审批业务原则上实行双岗负责、一审一核办结。

"一证准营"，再造行业准入证件。将一个行业准入涉及的多张许可证整合为一张行业综合许可证，集成有关单项许可证信息，经营主体凭行业综合许可证即可开展经营活动。按照"谁审批、谁负责"的原则，各有关部门对行业综合许可证中涉及本部门的内容负责。国务院批复明确行业综合许可证在全国范围合法有效。[1]

（二）"一揽子"解决"一件事"

"一业一证"改革紧紧围绕企业民众眼中的"一件事"，推动审批监管联动、"一业一证"改革与其他改革联动等事项的"一揽子"解决。

在强化审批监管协同联动方面，根据国民经济行业分类，编制行业监管主管部门、监管制度、协同部门、支撑数据和智能化需求"五张清单"，通过建立行业综合监管制度，逐个明确牵头部门，落实行

---

[1]《国务院关于上海市浦东新区开展"一业一证"改革试点大幅降低行业准入成本总体方案的批复》，载中国政府网，2020 年 11 月 14 日。

业主管部门"谁主管、谁监管"责任，推动跨部门、跨层级联动，借助智能化监管平台，形成主动发现、智能预警、自动派单、管理闭环的新型监管机制，实现精准高效监管。例如，在饭店行业建立综合监管场景，由市场监管部门统一整合卫生、消防、环保等部门监管数据，梳理形成了饭店监管情况的指标体征和核心监管风险点，运用动态、风险、信用、分类"四个监管"数字模型生成饭店行业"个性化"监管方案，服务精准监管，"无事不扰、无处不在"的综合监管体系正在形成。

在推动多项改革联动方面，"一业一证"改革积极与"一网通办""一网统管""证照分离"等改革同频共振、联合发力，发挥各项改革措施的叠加效应。如发出全国首张"免申即办"行业综合许可证。依托集成人工智能、区块链等技术的"政务智能办"，精准匹配营业执照、行业综合许可的变更、注销业务规则，实现企业办理营业执照业务的同时，相应的行业综合许可业务"免申即办"，为企业提供信息"零填写"、材料"零提交"、证照"一次办"的服务体验。如企业申请内资公司法定代表人变更登记时，系统能自动检视企业持有的行业综合许可证及其子证情况，通过行业综合许可与单项许可间的业务规则和逻辑关系，建立证照信息共享与数据关联，为企业个性化定制可联办的"营业执照＋经营许可"组合式套餐，并同步生成一套完整的证照申请材料。改革前，企业法定代表人和名称变更、注销，需要先到商事登记窗口办理营业执照变更、注销，再到多个窗口办理许可证变更、注销业务，需要多次往返，时间相对比较长。改革后，企业全程免申请、免填写、免提交，只需简单勾选确认，签字、盖章即可拿到内资公司变更登记和行业综合许可变更事项的整套申请材料。行业综合许可证变更后，扫描证面二维码即可查看所有许可的变更信息，无须再申领单项许可证纸质证书。

截至 2024 年 11 月，浦东新区已在便利店、体育健身馆、宾馆、饭店、烘焙店、咖啡馆和酒吧等 58 个行业推开"一业一证"改革，适用主体范围从企业拓展至个体工商户、非营利性组织，办事渠道延伸至管理局、管委会，累计发放行业综合许可证 1 万余张，包括全国首张填补"准入管理空白"的"与人体健康相关的动物生物安全二级实验室"行业综合许可证发放，300 余张乡村民宿行业综合许可证发放等。[1]上海累计发放行业综合许可证 5.7 万张，平均审批时限压减近 90%，申请材料压减近 70%。[2]以浦东新区开办便利店为例，以前需要申请办理食品安全、烟草专卖、药品经营、医药器械销售等 5 张许可证，办理法定时限 95 个工作日，申请材料共有 53 份，填表要素有 313 项，改革后仅需申办 1 张行业综合许可证，办理时限压缩至 5 个工作日，大幅降低了市场准入的制度性成本。[3]"一业一证"改革极大提升了为企业服务的效率，为企业带来了便捷、节省了成本，在"管得住"的前提下不断深化"放得活"，推动了活力与秩序的有机统一。

三、把社区服务送到"家门口"

习近平总书记强调："要健全基层党组织领导的基层群众自治机制，加强基层组织建设，完善网格化管理、精细化服务、信息化支撑的基层治理平台，健全城乡社区治理体系，为人民群众提供家门口

---

[1]《浦东"一业一证"试点改革已在 58 个行业全面推开，累计发放行业综合许可证 1 万余张》，载上海市人民政府，2024 年 10 月 28 日。

[2][3]《站在企业间考虑　再造行业管理架构浦东"一业一证"改革极大提升审批速度　试点行业和试点区域将逐步扩大》，载上海市人民政府，2024 年 7 月 5 日。

的优质服务和精细管理。"[1]"家门口"是老百姓最熟悉的地方，也是社会治理的"第一道门"，人民群众家门口的"小事"是基层治理的"大事"。做好"家门口"服务，把服务送到离群众最近的地方，既能促进公共服务的普惠便捷，又能让群众拥有"小事不出居村，服务就在身边"的服务体验，为基层治理更平安、更和谐、更有序、更有温度提供前提和保障。

浦东新区是家门口服务体系的发源地。自 2017 年 5 月起，浦东新区以居村为支点，坚持办公空间趋零化、服务空间最大化、服务项目标准化、服务标识统一化，把全区 1300 多个居村委办公场所改造成"家门口"服务站。在此基础上，通过区级机关下沉行政服务资源、区域化党建整合社会资源、社区挖掘自身资源，就近为居民提供党群服务、政务服务、生活服务、文化服务、法律服务、健康服务和社区管理服务七大类基本服务。在村层面，"家门口"服务中心统一设置"四站一室"，包括党建服务站、市民事项受理服务站、文化服务站、联勤联动站和卫生室；在居民区层面，"家门口"服务站统一设置接待、服务、议事、活动四大功能区域。其中，居村联勤联动站围绕"家门口"服务体系建设，由居村党组织书记担任站长，推动公安、城管、市场等一线力量进入，整合执法和管理、法律服务、社区自治共治等资源。同时，依托区城运中心平台统一开发"联勤联动微平台"，构建融会贯通的数据共享体系和精准高效的风险防控体系，提高运行效能。[2]

----

[1]《习近平在参加江苏代表团审议时强调　牢牢把握高质量发展这个首要任务》，《人民日报》2023 年 3 月 6 日。

[2]《国家发展改革委关于推广借鉴上海浦东新区有关创新举措和经验做法的通知》，2021年 3 月 11 日。

（一）集成式功能让服务更便捷

唐丰苑是浦东新区唐镇的一个常住人口约 7000 人的大型动迁小区，"推倒一堵墙，打开一扇门"是唐丰苑居委打造"家门口"服务站的做法。唐丰苑"家门口"服务站的服务空间众多，太极拳、沪剧、排舞、合唱、书法、瑜伽、健身、有声听书等多样化的服务，最大限度地满足了社区内不同年龄层次、文化程度、地域群体的居民日常文化的需求。"家门口"服务站还入驻了全民智慧阅读平台，居民线上检索预约书籍后，在"家门口"服务站就能完成图书扫码借阅。焕然一新的"家门口"服务站设施齐全、布置温馨，服务站大门向居民敞开，进门右手边一小片区域是居委会开放式办公空间，为前来咨询和办事的居民提供便利。自 2018 年起，浦东新区结合村居"家门口"服务体系建设，借助"远程视频帮办"系统，通过受理中心远程办理、村居协助办理的方式实现个人社区事务延伸，推动个人社区事务 100% 下沉至村居，为群众提供就近、便利、稳定、可预期的服务。唐丰苑"家门口"服务站不断根据居民需求进行服务升级，如线上服务涵盖了租房、就业、资源库和文化云等信息，直接链接相关平台，居民足不出户就可以享受到租赁、就业等对接服务。值得一提的是，唐丰苑通过代理经租模式，由代理经租公司统一装修、集中管理出租房，并为租客提供清扫保洁等日常服务，既能让租客以实惠的价格租到安全、干净、整洁的房屋，又推动小区创建成功"无群租小区"，提升了居民的安全感、幸福感和满意度。

（二）以多样服务孕育共治力量

浦东新区万祥镇新建村以"家门口"党群服务牵引农户增产增收。新建村积极探索"支部建在产业链上、党员聚在产业链上、农民富在产业链上"的党建引领"三农"发展新路子，开创"三送一服"

为农服务项目；通过送种子上门、送培训到地、送跟进检验，提供农产品销售渠道对接一条龙服务，提高种植质量产量，实现农民增收。浦东新区区委组织部将"微心愿"区域化党建特色品牌项目下沉至村居"家门口"服务站，面向困难群众、热心志愿者等征集心愿清单，组织全区基层党组织和党员认领，帮助许愿人在"家门口"圆梦。沪东新村街道寿二居民区合唱队的一台手风琴就是来自一位区域单位党组织党员在"微心愿"平台上的认领，这台手风琴不仅解决了合唱队"无琴可用"的难题，更是鼓舞了队员们的热情。如今，合唱队队伍不仅不断壮大，队员们也活跃在社区治理之中，为社区建设添砖加瓦。截至 2024 年底，浦东新区已有上万个"微心愿"被认领。

"家门口"服务站致力于为居民提供多样化服务。如张江镇推出"幸福小区"公益相亲服务，打造沟通交流新平台，拓宽青年交友新渠道，让单身男女在青春的聚会、美丽的邂逅中成功牵手，共赴美好生活。同时，建立线上"单身库"，设立线上"相亲群"，让大家可以随时随地交友。截至 2023 年 10 月，已举办线上线下 60 余场活动，服务张江科学城的单身青年近 4000 人次，牵手 500 多对，其中结婚生子已有 100 多人。[1] 高行镇金地居委、尚城居委通过共治共享、共建共育，联手孕育了"爸爸在家、守护成长"家门口服务项目，由社区内热心爸妈、社区达人共同策划，招募和挖掘 12 位能人爸爸，推出了"互助接娃""互助带娃""爸爸谈古诗""爸爸私房菜"等主题活动，推动了家庭参与社区治理的良好氛围。周家渡街道借助校园联盟平台，开展"红领巾在行动"服务项目，小林长、小河长、小楼长们走进社区，参与植绿护绿、河道管理和楼组治理工作，培养"我是主人"的意识，

---

[1] 张信：《张江镇"幸福小区"公益相亲服务项目获奖了》，《新民晚报》2023 年 10 月 25 日。

也为社区治理提供了更多新鲜力量。高桥镇联合上海市第七人民医院推广互联网"云诊室"，在 46 个居村、4 个养老机构实现服务全覆盖，将智慧医疗服务延伸至家门口，居民可通过互联网"云端"与医生互动交流，享受免费咨询、检查预约、医保付费、报告解读、远程随访等服务。潍坊新村街道根据在职居民的需求设立"法律夜门诊"服务项目，通过组建"法律服务"志愿者团队，为居民化解婚姻、债务、继承、家暴、工伤认定、房产等各类矛盾纠纷问题。塘桥街道借助东方法律公益服务室擅长处理遗产、债务、婚姻等民事问题的专业优势，在小区搭建律师与居民面对面交流的平台，为居民提供优质的法律服务，以法律服务"下沉"避免矛盾纠纷"上交"。[1]

（三）持续拓展和深化服务内涵

如今，上海家门口服务内容不断丰富，智慧菜场、健身驿站、社区食堂……基本公共服务不断向人民群众身边延伸。做好家门口服务，实现公共服务的普惠便捷。老百姓家门口的"小事"也是基层治理的"大事"。2024 年，上海市升级改造 98 家标准化菜市场，[2]位于黄浦区的马当菜场就是其中之一。马当菜场服务周边 5 公里的多个社区，满足居民"菜篮子"消费需求。以前买菜要踩着坑坑洼洼的水道才能接近摊位，现在现场内的水道变成了防滑地砖，室内也装上了空调，每个摊位前都立着统一的双屏智能电子秤，过秤时智能识别菜品，屏幕上显示出菜品的单价、克重和总价等信息。菜场内的电子智慧大屏实时滚动着当日的菜品价格、平价菜供应、交易数据和农残检测结果，像禽类、肉类、鱼类等进货单也会在电子智慧大屏上公示，

---

[1] 谢卫群：《浦东"家门口"服务创造美好生活，一批最受欢迎项目发布》，载《人民日报》客户端，2022 年 11 月 3 日。

[2]《上海今年再升级 80 家标准化菜市场》，载上海市人民政府网，2025 年 2 月 25 日。

方便追溯。针对上海遭遇极端天气时可能会出现的某些种类的蔬菜断供的情况，马当菜场设立了农贸对接专柜，与供应商签订战略合作协议，要求供应商在两天之内把产地的产品直接运到菜场里。此外，菜场里还保留了"小修小补"便民商铺，方便居民的生活所需。[1]

　　普陀区真如高陵集市建筑面积约 5000 平方米，是集传统菜场、老字号餐饮、片区服务和网红打卡等多功能于一体的时尚"农贸综合体"，吸引了不同年龄、不同职业的消费者前来"闲逛"，并成为第五届上海小吃节的主场。高陵集市的装修设计别具一格，整体设计融入老上海元素，采用海派风格装修，店铺挂有木质匾额，步入集市仿佛回到老上海的街巷弄堂。集市分为上下两层，一层有 130 余个摊位、12 家老字号，涵盖各种上海特色餐饮和生鲜熟食等零售；二层有社区服务中心、社区食堂、党群共享空间、老人日间照料、便民服务站、儿童成长中心、社区大舞台和共享健身空间等社区公共空间，整个集市整洁、热闹，充满了上海市井文化的韵味。有市民每天带着孙辈去高陵集市一层的上海特色小吃馆逛一圈，在这里享用"每天不重样"的美味早点。吃过早饭，再去附近的菜场里掐上一把嫩尖、挑点鲜活鱼虾回家。上海阿姨们也会约好去二层上舞蹈课。集市里也有专门前来"打卡"的自媒体博主、"时尚模特"和摄影师们。高陵集市每年还会开展 6 至 8 次购物活动，消费者可以享受到从小吃到生鲜的全场折扣，会员还可以通过自营会员商店和抖音直播平台享受更多福利。集市内不仅销售平价时令绿叶菜，还为周边居民提供切配服务。"下班早的话，我都会来这里逛逛，东西新鲜、品种齐全，相熟摊子的老板还会帮我择菜、切肉、杀鱼，时不时再教我烧几道新菜式。"一位

---

［1］ 王烨捷、俞佳一：《把社区服务送到"家门口"》，《中国青年报》2024 年 8 月 31 日。

"95后"顾客坦言。高陵集市还获评了2022年上海市示范性智慧菜场。集市内每个摊位都是明码标价、统一配秤，即便是不会挑菜、不会砍价的人也能感受到集市传递出的烟火味、人情味和好滋味。[1]

在全民健身大背景下，家门口的健身自由成为很多家庭的"小愿望"。杨浦区创建了全国首批全民运动健身模范区，将市民益智健身苑点、市民健身驿站、市民健身步道、市民运动球场、社区市民健身中心的新建、改建纳入为民办实事项目。如结合"美丽家园"改造，将小区中脏乱区域整体改造为焕然一新的居民健身苑点，地面植入了跳远、跳方格等体育功能，配套安装智能健身器材，形成小区健身、亲子游戏和居民休憩的多功能区域。市民健身中心也成了家门口的好去处。徐汇区斜土路街道打造了涵盖了全年龄段人群运动项目的社区市民健身中心，占地1500平方米，内有跑步机、动感单车、哑铃、划船机等运动设施，服务周边紧邻的多个居民楼，日均接待市民300余人次。居民每月付费99元，就可以和家人待上一整天。[2]中心还推出了500元10次的课程套餐，方便市民学习普拉提、瑜伽、啦啦操等课程。市民健身中心还会举办健康运动会、社区乒乓系列赛、白领午间运动一小时等各类活动。

社区食堂通过解决居民的"舌尖"大事，营造家门口的幸福味道。"苏河之眸"南京东路街道社区食堂联合社区卫生服务中心，烹饪了三款养生瓦罐汤，它们不仅保留了食材的原汁原味，还融入了中华传统养生智慧，为居民提供健康美味的餐饮选择。此外，食堂还更

---

[1] 陶钦忆：《普陀这个"智慧菜篮"如何赢得青年人？》，载《新民晚报》客户端，2022年12月5日。

[2] 《市体育局政府开放月：上海力推"家门口的服务"升级智慧菜场和健身中心，加配充电桩》，载上海市人民政府网，2024年8月25日。

新了冬日菜单，新增了崇明羊肉煲、双档汤、西红柿牛腩煲等美味佳肴，让居民们在寒冷的冬日里也能享受到暖心暖胃的美食。

四、上海城市公共服务未来的发展趋势

面向未来，上海将进一步提升公共服务系统集成、精准供给和全民普惠水平，持续优化公共服务全局性配置，为服务国家战略、提升高端人才吸引力提供服务支撑；深入推进政务服务改革，实现活力与秩序的动态平衡，持续优化营商稳商安商环境；持续满足人民群众美好生活需要，不断提升人民群众的安全感、幸福感和获得感。

（一）坚持以人民为中心，不断提升公共服务包容性

健全完善公共服务体系向各类人群覆盖，努力实现"一个都不能少"的包容性发展。顺应人才培育和发展规律，打造职住融合、交通便捷、生态宜居、配套完善、文化氛围优越的创新创业生态，为创新创业人才引育提供优质服务；促进高校毕业生、新就业群体、退伍军人、青年就业群体等的就业支持服务，完善劳动权益保障，为城市发展留住人才。完善面向外籍人士的服务资源配置，为外籍人士来沪、在沪交流学习、创业就业、旅游度假等提供相对完善的配套服务，减少外籍人士来沪来华的后顾之忧。面向独居老人、困难家庭等提供更加细致的公共服务，鼓励邻里之间互帮互助，守望相助，营造积极的城市治理氛围。

（二）坚持整体系统布局，不断提升公共服务均衡性

持续优化公共服务空间布局，推动城市公共服务的整体性、系统性和集成性。坚持服务国家战略，将公共服务嵌入国家战略实现中统筹布局、前瞻设计、协调发展，以优质服务保障和促进高质量发展、

高效能治理和高品质生活。坚持科学规划引领，结合上海市城市更新进程，加快中心城区和五个新城统筹联动发展，推动公共服务功能要素与城市空间布局相适应，以优质公共服务更好提升城市核心功能。更好发挥城市空间功能，要挖掘潜力、创新方法，把更多封闭空间变成开放空间、共享空间、创新空间和服务空间，提升公共服务的系统性、专业性和可持续发展水平，让人民群众感受到触手可及的公共服务。

（三）坚持创新引领发展，不断提升公共服务可及性

拓展服务主体，探索有为政府、有效市场和有序社会的服务供给模式，鼓励多元主体参与公共服务供给过程，激发共建共治共享热情，提升城市公共服务供给能级。进一步发挥政务服务"一网通办"在公共服务高质量发展中的牵引作用，以数据多跑路、群众少跑腿的方式，加快线上线下服务的衔接与协同，提升服务流程再造、服务精准供给和服务便捷可达水平。创新公共服务供给机制，发挥市场在资源配置中的决定性作用和更好发挥政府作用，努力形成市场有效、政府有为、政党有力、社会有序、人民有福的生动局面，为人民群众提供更丰富、更便捷、更优质的公共服务，不断提升公共服务的可及性和超大城市的治理温度。

案例专栏：

公共服务高质量发展的样板
——新时代城市建设者管理者之家

城市不仅要有高度，更要有温度。公共服务是民生工作的重要组成部分，加快推进基本公共服务均衡可及高质量发展是提升民生保障水平的重要手段。2023 年 11 月 29 日下午，习近平总书记到闵行区新时代城市建设者管理者之家考察。听了当地加大保障性租赁住房筹措建设力度、构建"一张床、一间房、一套房"多层次租赁住房供应体系的情况介绍，习近平总书记给予充分肯定。他先后走进社区住宅型、宿舍型出租房源租户的住房和公共厨房、公共洗衣房等共享空间，仔细了解在此居住的城市一线工作者的生活状况。习近平总书记的殷切关怀，让在场所有人感动。[1]

1. "生活在这里，真有家的感觉"

闵行区是上海市的重要区域之一，区域内涵盖多个办公商务区、产业园区及高校，以及横跨中环、外环、郊环的区位优势和交通网络，租赁房需求旺盛。闵行区华润有巢公寓社区马桥 AI 店是上海市大型保障性租赁住房项目，于 2022 年 6 月纳入保障性租赁住房，2023 年 3 月正式开业，提供"一张床、一间房、一套房"的多层次租赁产品，供应对象主要是附近工业区、开发区人员，包括特保及保安、绿化工人、环卫及保洁、维修维保人员、建筑工人、医护人员等。其中，"一套房"179 间，面积为 60 平方米左右，月租金约 3500元；"一间房"2166 间，35 平方米的月租金约 2600 元，30 平方米的月租金则约为 2200 元；"一张床"的房间面积在 35 平方米左右，分为两人间和四人间，月租金分别为每床 900 元和 500 元。[2]

---

[1]《习近平在上海考察时强调：聚焦"五个中心"重要使命　加快建成社会主义现代化国际大都市》，《人民日报》2023 年 12 月 4 日。

[2]《总书记考察的这个"家"，正探索"一张床、一间房、一套房"多层次租赁住房保障体系》，载《新民晚报》客户端，2023 年 11 月 30 日。

　　"一张床"主要集中在华润有巢公寓社区的 5 号楼，一层设置了共享生活区，包含党群服务站、共享厨房、共享餐厅、共享洗衣房、公共浴室等。这一"新时代城市建设者管理者之家"项目可办理居住证，实行民用水电，家具家电配备齐全，租客可"拎包入住"。2023年 10 月搬到这里的钱女士是闵行区马桥镇敬老院的一名护理员，她从事护理员工作 13 年了，此前一直吃住在敬老院，晚上五六人睡在一间房间里，由于护理工作需要轮休，往往休息不好。自从搬到华润有巢公寓社区 5 号楼后，钱女士每天骑电动自行车单程十来分钟，就能回到租住的双人间。在她看来，这里不仅房间空间比敬老院宿舍大，而且窗明几净，空调、小冰箱、电磁炉等电器都是崭新的，厨房干净又卫生，用滚筒洗衣机洗完衣服可以直接烘干，公共区域还开辟出一个小小的电话间，与家人或朋友打电话聊天，既注重私密性，又避免对室友休息造成影响。钱女士对这个"新家"非常满意，她感叹现在不仅可以好好放松休息了，而且"生活在这里，真有家的感觉！"

　　2. "要在以前，上哪儿去租这么价廉物美的房子"

　　位于闵行区新虹街道的中航公寓新时代城市建设者管理者之家启用于 2024 年 4 月，这里最早是存量集体土地，翻新后打造成了公寓项目，占地面积 6000 平方米，可提供 124 间房，近 500 张床位。房间宽敞整洁，内有独立的卫生间和厨房，配套有空调、冰箱、洗衣机、热水器和成套家具。公寓内还有近 400 平方米的公共服务区和4000 多平方米的健身区域，包括公共厨房、洗衣房、书屋等，以及篮球馆、羽毛球馆、乒乓球馆。

　　中航公寓新时代城市建设者管理者之家的 3 号楼原来是老厂房，如今整栋出租，入住了 100 余名外卖小哥，成了"骑手楼"。"因为天天在外奔波，鞋子经常磨破，遇到下雨天，还会淋湿，放在屋子里会有味道。"3号楼外有条户外走廊，正好方便骑手换洗晾晒鞋子。3号楼的电梯也让每天上下几十趟楼梯的骑手感觉很温馨。"90后"外卖小哥凌军入住在四人间，每人每月的房租是700元，他对这里的环境很满意，他说："要在以前，上哪儿去租这么价廉物美的房子？"能够带领自己的骑手团队入住中航公寓新时代城市建设者管理者之家，来自安徽的区域经理王玉飞觉得很省心，"大家来自五湖四海，在上海打拼不容易"，自从搬到中航公寓后，骑手们都很安心，干起活来也更带劲儿。为了更好地服务骑手，中航公寓党群服务站还专门设立了一个"小哥议事厅"，常态化开展"小哥议事会"，同步征集小哥微心愿，合理设置"初心加油站"赋能清单，满足小哥安全出行、急救包扎、技能提升和业余生活等多项需求。[1]

3. 暖心的"家"在上海遍地开花

像闵行区这样的新时代城市建设者管理者之家在上海遍地开花，各区结合自身特色和入住人员特征，不断优化、细化、深化"暖心"服务，烘托"家"的温馨。同样属于大型保障性租赁住房项目的港城中环汇·领寓位于浦东新区康桥板块，建筑面积4.87万平方米，由11幢楼组成。其中，两幢楼作为新时代城市建设者管理者之家，总计300套、1392张宿舍型床位，月租金为400—800元/床位。项目根据新市民、新青年的居住需求，提供年轻化、精装修的小户型产品，室内配置齐全、拎包入住，民水民电、免物业费；社区内部配置共享空间、快递驿站、便利商店、短驳班车、早餐小站等；周边拥有大型商

---

[1] 杨俊峰：《上海建设新时代城市建设者管理者之家——让城市更有温度》，《人民日报》2024年12月27日。

超、公园景观和学校医院等，做到了内部"功能全、小而美"，外部"购便捷、食多样、学可达、医及时、行通畅"，为租户解决了后顾之忧，感受到家的温暖。

位于静安区共和新路街道陈家宅路 20 号的联寓公寓项目为非居存量房屋（厂房）改建，由两栋独立楼宇构成，拥有独立出入口，共有房屋 196 间，改造 1310 张新时代城市建设者管理者之家床位。联寓公寓地理位置优越，紧邻内环线，距离地铁 8 号线西藏北路站仅300 米。该项目针对新兴群体早出晚归的实际需求，引入 24 小时营业的小卖部，设有 24 小时保安亭，打造可容纳 100 余辆非机动车车棚，提供 24 小时"管家服务"。

位于嘉定新区菊园板块的璟瑞社区是上海市存量公共服务租赁性配套用房转型利用项目，建筑面积超 13 万平方米，由 13 幢楼组成，供应 2590 套保租房房源，其中可提供新时代城市建设者管理者之家床位超 2000 张。针对租户流动性较大，换租住户常常面临闲置物品难处理等问题，璟瑞社区打造"MO"闲置物品处理平台，促进资源的循环利用。在住户退租时，公寓可以暂为保管租户带不走又不忍心丢掉的可二次利用的物品，通过协调内外部资源，为在租客户提供旧物交换服务，沙发、柜子等大件物品还可以联系公寓管家协助运送上门。[1]

4."有一种幸福是永远奋斗"

2024 年，上海市将"新增筹措供应 3 万张以上新时代城市建设者管理者之家床位"列入市政府为民办实事项目，并于当年 10 月底

---

[1] 鞠文韬:《新增筹措床位超 2.5 万张，上海新时代城市建设者管理者之家建设得如何？》，载"澎湃新闻"客户端，2024 年 10 月 14 日。

提前完成筹措超 3 万张床位的年度目标任务。上海新时代城市建设者管理者之家遍布全部 16 个区，从既有保租房中进行遴选、转化部分公共服务租赁性配套用房、新建和提标部分工地红线外临时集中居住点等方式进行筹建，优先在配套成熟、交通便利、产业集中、人口聚集以及有长期建设任务的区域布点，主要面向城市建设、运行和市民生活服务保障等行业一线劳动者以及来沪新就业、初创业人员。房间以四人一间、带有独立卫浴设施的宿舍为主，合理配置双人间、单人间。上海新时代城市建设者管理者之家由社会力量参与投资建设运营，主要供用人单位共享租赁、员工拎包入住，床位月租金以 500—1000 元为主，努力做到价格更优惠、环境更宜居、品质更优良、配套更完善。

　　到"十四五"期末，上海将累计建设筹措保障性租赁住房达 60万套（间）、形成供应 40 万套（间）左右，全面健全完善"一张床、一间房、一套房"的多层次供应体系。上海新时代城市建设者管理者之家不仅仅是"一张床、一间房、一套房"，它致力于保障城市一线建设者和管理者安的家、筑的梦，确保外来人口进得来、留得下、住得安、能成业。正如华润有巢公寓社区里的这句话："有一种追求是不忘初心，有一种幸福是永远奋斗，有一种温暖是我们在上海。"

第四章

绣花功夫：追求卓越目标的精细化治理

城市管理精细化是城市治理现代化的必然要求。2017 年 3 月 5 日，习近平总书记在参加十二届全国人大五次会议上海代表团审议时强调，城市管理应该像绣花一样精细。[1] 作为彰显中国之治的重要窗口，作为部市共建的精细化治理典范城市，上海理应在加快建成具有世界影响力的社会主义现代化国际大都市、打造卓越的全球城市的征程上，积极探索城市精细化治理新路，走在前列，形成示范，推进超大城市治理体系和治理能力现代化。

一、精细化：超大城市治理现代化的必由之路

（一）超大特大城市特质使然

城市是个典型的开放的复杂巨系统。[2] 作为超大城市的上海，其规模体量巨大、人口高度集聚、市民需求多样、社会要素流动、城市结构复杂、系统开放联通，牵一发而动全身。这些特性决定了超大城市问题的不确定性、城市系统的脆弱性、城市风险的汇聚性、城市工作的艰巨性。面对上海城市开发建设早、旧城区多，市政基础设施老化现象严重、隐患较多等"城市病"的现实；面对上海从增量扩张转

---

[1] 《城市管理应该像绣花一样精细》，载央广网，2017 年 3 月 5 日。

[2] 周干峙：《城市及其区域——一个典型的开放的复杂巨系统》，《城市规划》2002 年第 2 期。

向增量与存量并重的发展方式转型，以及由过去的"拆、改、留并举，以拆为主"到"留、改、拆并举，以保留保护为主"城市有机更新模式的新变化；面对从城市经验管理到城市数字化治理模式转型的新趋势；面对新时代人民群众需求的多元化、个性化、品质化，以及对城市管理的要求从"有没有"逐步上升为"好不好""精不精"的新变化，我们如何有效防止城市安全风险"认不清、想不到、管不到"等问题的发生？如何以高效能治理促进城市高质量发展、提高人民群众高品质生活？显然，传统经验主义的粗放式管理难以应对繁重的城市管理任务和人民高品质生活的新期待，必须摆脱传统城市管理路径依赖，积极探索城市治理方式的转型升级，实施精细化治理。

"城市管理应该像绣花一样精细"，这是习近平总书记对上海探索建立符合超大城市特点和规律的城市治理新路子的重要指示。2018年11月，习近平总书记在浦东新区城市运行综合管理中心调研时强调："一流城市要有一流治理，要注重在科学化、精细化、智能化上下功夫。"[1]习近平总书记的重要指示为上海城市治理指明了发展方向，也为新时代做好城市工作、破解"城市病"指出了方法路径。

（二）城市治理现代化使然

精细化是一流城市一流治理的标志，是城市治理现代化的时代命题。城市精细化管理水平很大程度上反映着政府的治理水平，城市精细化管理质量很大程度上影响着居民的生活质量，城市精细化管理能力很大程度上关系着城市的竞争力和吸引力。上海是世界观察中国的重要窗口，是彰显中国式现代化光明前景的重要载体。把这座超大城市管理得更好、管理得更加有方，是中国共产党人必须解答好的

---

[1] 《习近平在上海考察时强调：坚定改革开放再出发信心和决心　加快提升城市能级和核心竞争力》，《人民日报》2018年11月8日。

历史与现实命题。实施城市精细化管理是上海建设卓越的全球城市，加快建成具有世界影响力的社会主义现代化国际大都市的客观要求。在 2017 年 12 月国务院批复的《上海市城市总体规划（2017—2035年）》中明确要求上海"创新城市治理方式，加强精细化管理"。作为改革开放的排头兵、创新发展的先行者，上海理应不断提高精细化治理能力，回答好精细化治理这一道世界级城市的重大考题，在城市治理现代化实践中走在前、作标杆，以高水平的精细化治理，打造良好的城市环境。

总之，精细化是上海探索走出一条中国特色的超大城市治理新路、不断提高城市治理体系和治理能力现代化水平的必然选择。

二、上海城市精细化管理的实践与探索

精细化是上海城市突出的治理亮色。按照"通过绣花般的细心、耐心、巧心提高精细化水平，绣出城市的品质品牌"指示要求，上海紧紧用好"精细化"这根"绣花针"，把精细化的理念和要求贯穿到城市管理的各方面、贯穿城市有机体的全生命周期，绣出"追求卓越"的上海城市品牌，为其他城市提供具体方案和典型经验。上海城市管理精细化的核心框架是"一核三全四化"[1]，工作要求是"一针三心"[2]，工作思路是以规划引领、项目化推进、法治化和标准化支撑、智能化催化、社会化促进等方式，持续推进精细化管理走深走实，精

---

[1] "一核"即牢牢把握一个核心——服务市民需求，"三全"即积极贯彻三个要求——全覆盖、全过程、全天候，"四化"即加快夯实四大手段：法治化、智能化、标准化和社会化。
[2] 做好城市精细化管理工作要有绣花般的细心、耐心、卓越心，要像绣花般用好一根针，绣出城市管理精细化的同心圆。

心绘好超大城市治理的"工笔画"，让城市更有序、更安全、更干净，让人民群众生活更幸福、更便捷、更舒心。

（一）以规划引领精细化管理

1. 滚动实施三年行动计划

2017年以来，上海投入巨大精力对城市管理精细化进行谋划、部署和推进，陆续出台了加强城市精细化管理实施意见和三轮"三年行动计划"，以规划引领的方式，有序推动城市精细化管理工作。2017年10月24日，中共上海市委、上海市人民政府发布了《关于加强本市城市管理精细化工作的实施意见》；2018年1月31日，上海正式发布《贯彻落实〈中共上海市委、上海市人民政府关于加强本市城市管理精细化工作的实施意见〉三年行动计划（2018—2020年）》，启动了城市管理精细化的第一轮三年行动计划；2021年7月28日，上海市人民政府办公厅印发《上海市城市管理精细化"十四五"规划》；2022年3月23日，上海市委办公厅、市政府办公厅印发《上海城市管理精细化提升行动计划》，实施第二轮三年行动计划；2024年8月16日，上海市委办公厅、市政府办公厅印发了《上海城市管理精细化三年行动计划（2024—2026年）》。据统计，2020年底，第一轮三年行动计划的九类42项重点任务圆满完成，其中50%以上内容超额完成。2023年底，第二轮三年行动计划的七类29项重点任务如期完成。第三轮行动计划是在《上海市城市管理精细化"十四五"规划》总体指导下，与前两轮行动计划相衔接，旨在进一步巩固和深化前期成果，推动城市管理向更高质量、更高水平迈进。根据新形势、新情况和新要求，第三轮行动计划提出：着力补齐城市管理薄弱区域、薄弱环节短板，进一步筑牢城市生命线、极端气候和大客流应对等安全管理和风险防控底板，持续拉长空间开放共享和数字化管理等优势长板，精心打造彰显上海特色、对标国际一流治理水平的城市管理精细化优秀实践区样板等六类 31 项重点任务，目前正有序推进。

2. **分层分级抓好行动计划落地实施**

一是加强组织机构建设，搭建起精细化管理的总体架构。2018 年 2 月 28 日，上海市将原来的城市综合管理推进领导小组调整为市城市管理精细化工作推进领导小组，办公室设置在市住建委，同时，设立区、街镇的精细化管理机构，统筹推进城市精细化管理工作。这也标志着上海城市管理工作由"城市综合管理"向"城市管理精细化"转型。2024 年，市城市管理精细化工作推进领导小组改为联席会议机制。二是细化行动计划。"三年行动计划"分市、区两级，涵盖"条"和"块"。在市级层面，在总体计划的基础上，还制定了专项计划。比如，市政府办公厅制定发布了《上海市住宅小区建设"美丽家园"三年行动计划（2018—2020 年）》；在区级层面，各区根据自身区情制定发布"三年行动计划"，体现区域特征。比如，静安区三年行动计划突显其对历史人文的关注。在"块"上，主要通过"美丽街区、美丽家园、美丽乡村"实现空间治理全覆盖以及各条线工作的综合统筹与协同推进。在"条"上，加强房管、水务、绿容、执法等各行业领域自身管理的精细化水平。比如，市绿化市容局制定了《本市加强市容景观管理精细化工作专项行动方案（2018—2020 年）》，针对各类短板问题精准施策。

（二）以项目化带动精细化管理

1. **以"三个美丽"为抓手**

上海每年创建一批示范性"美丽街区""美丽家园""美丽乡村"，滚动实施、连点成线、连线成面，全方位提升生活环境品质、全面提升城市管理精细化水平，让人民群众每年看到实效，"宜业、宜居、宜乐、宜游"的良好环境正在形成。一是每年建设 100 个高品质"美丽街区"，进一步提升"美丽街区"覆盖率。比如，上海谋划推进"道路+"工程，全方位打造一批"一街一景"，全面推进架空线入地和杆箱整治，消除城市上空"蛛网"，累计完成 900 多公里，加强掘路管理，提高掘路计划编制的合理性和执行率，从源头治理"马路拉链"问题。大力推进"一江一河一带"建设，黄浦江、苏州河岸线贯通超过 100 公里，实现了"工业锈带"到"生活秀带""发展秀带"的蝶变。构建"一大环+五小环"的环城生态公园带，谋划推进"公园+"工程，建设"千座公园"达 832 座，六成以上全天候开放，111家企事业单位开放附属绿地。二是聚焦民生实事，深化"美丽家园"建设。推动创建 1000 个"美丽家园"特色小区和 100 个"美丽家园"示范小区。推进中心城区成片二级旧里以下房屋改造，到 2022 年 7月，历史性地解决了这一困扰市民多年的民生难题。在此基础上，继续加力推进零星旧改、不成套旧住房改造、"两旧一村"改造。三是聚焦农村人居环境整体优化，有序推进"美丽乡村"升级建设，计划建设 300 个以上市级"美丽乡村"示范村、150 个以上"乡村振兴"示范村，形成一批可推广、可示范的乡村建设和发展模式。2024 年底，累计建成 112 个乡村振兴示范村、5 个"五好两宜"和美乡村，推动3.4 万户农民入住新居。

2. 重点抓好示范工程

精细化管理是个新事物，大家都是"摸着石头过河"，需要不断探索、积累经验。上海坚持示范引领，围绕"4+5+N"区域，打造一批特色鲜明的高品质"精细化管理示范区"，率先探索精细化管理"中国典范"建设路径。一是聚焦长三角生态绿色一体化发展示范区、临港新片区、"一江一河"两岸贯通区域、虹桥商务区四大重点区域，形成各有侧重的市级"精细化管理标杆示范区"。二是聚焦嘉定、青浦、松江、奉贤、南汇五个新城，每个新城打造出不少于1个"精细化管理新城示范区"。三是每个区打造出不少于1个"精细化管理特色示范区"。比如，徐汇打造"四态融合"的衡复历史文化风貌区，其中，武康大楼就是该特色片区的最优项目，是上海精细化管理的样板工程，起到示范、引领作用，推动精细化管理的辐射与扩散。

（三）以法治化和标准化支撑精细化管理

上海正初步建成以体系健全、良法善治的社会主义法治建设为基础，以刚柔结合、分级分类的标准规范为支撑，以合理精准、定量定性结合的考核机制为保障的精细化管理标准规范与科学评估体系。

加强城市管理法治建设。一是持续完善城市管理法律制度，为城市精细化管理提供根本保障。例如，推动《上海市黄浦江、苏州河滨水区域管理条例》1部地方性法规、《上海市城市地下管线管理办法》等10部政府规章的制定，《上海市市容环境卫生管理条例》等7部地方性法规、《上海市城市架空线管理办法》等11部政府规章的修订等，为城市精细化治理工作打下坚实基础。二是健全管理部门与执法部门的协作机制，填补管理缝隙。在户外广告设施、户外店招店牌、户外景观灯光设施、生活垃圾、物业管理、房地产市场等多领域建立健全管执联动系统，协同推进源头治理、系统治理。

全面提升城市管理标准。标准化是精细化管理的标尺和依据。事实上，上海在城市管理标准化建设上居全国领先地位。一是建立健全与超大城市相适应的城市综合管理标准体系。上海对标国际最高标准、最高水平，重点围绕智慧城市、城市基础设施、房屋管理、市容绿化、地下空间等领域，通过制定一批、完善一批、提高一批技术和管理标准，进一步优化完善城市管理标准体系，提升城市管理标准的先进性和适用性。"十四五"期间，新编或修订城市管理标准 50 部以上，并与规划建设标准紧密对接、有机结合，[1]解决了城市管理标准"缺、低、散、虚"等问题，基本实现城市管理标准的全覆盖、精细化、高水平，为规划、建设、管理一体化提供有力支撑。比如，在 2016 年 10 月上海市规划和国土资源管理局、市交通委联合印发的《上海市街道设计导则》基础上，2019 年 7 月，上海市住建委、市交通委、市绿化市容局共同编制了《市政道路建设及整治工程全要素技术规定》，规定以架空线入地和合杆整治为突破口，坚持"做减法、全要素、一体化"的理念，对路面系统、地下管线系统、综合杆、综合箱以及"城市家具"等各类要素进行规范，呈现"线清、杆合、箱隐、景美"的环境面貌，努力打造一个安全、绿色、活力、智慧、友好的街道。在 2015 年 6 月发布的《上海市城市网格化综合管理标准（试行）》的基础上，2022 年 8 月上海市住建委修订发布了《上海市城市网格化综合管理标准 2022 版》，进一步明确管理内容、管理标准和工作流程，并将原 13 大类 144 小类部、事件调整为 15 大类 183 项小类部（事）件，其中部件 5 大类 96 小类、事件 10 大类 87 小类。这种标准化的工作模式不仅确保了工作的规范性和可操作性，还提升了工作效率和准确性。在第三轮三年行动计划中，还将完成《城市容貌规范》《口袋公园设计标准》等 30 部城市管理标准新编和修订。二是建立差异化的分类管理标准。精细化不是标准划一、千篇一律，也不一定是越来越硬的量化考核与刚性约束，而是因地制宜、富有温度、管理适度的弹性管理。根据管理对象的区位差异和不同的发展要求，上海建立了城市空间分级分类框架，推进中心城区、近郊地区、

---

[1]《上海市人民政府办公厅关于印发〈上海市城市管理精细化"十四五"规划的通知〉》，载中国上海网，2021 年 7 月 28 日。

远郊地区、重点示范区等不同区域的标准体系建设。同时，考虑到区域内部的层次性，实施分类管控。在中心城区，上海以北外滩、杨浦滨江、徐汇西岸、世博文化公园区域等"一江一河"两岸贯通的核心区段为重点，以点带面，打造以人为本的世界级滨水公共空间精细化建设与管理示范，推进不同区段空间特色的差异化发展。而对于近郊城乡接合部、远郊农村、背街小巷、高架桥下等薄弱地区和薄弱环节的城市管理，则着力提高地下管线、人行道砖、路灯、窨井盖等细小设施的完好率。

（四）以智能化赋能精细化管理

全面推进数字化转型是面向未来塑造城市核心竞争力的关键之举，也是超大城市治理体系和治理能力现代化的必然要求。[1] 近年来，上海围绕城市治理领域数字化转型，以智能化为突破口，把科技赋能作为提升治理效能的"倍增器"、解决治理难点的"金钥匙"，运用人工智能、大数据分析等技术对城市治理要素进行分析，并采取针对性的措施破解治理难题，打造数据驱动的"数治"新范式，助力城市管理精细化工作。

1. 摸清底数，夯实城市精细化管理基础

精准掌握城市管理领域的对象和要素是城市精细化管理的重要前提。一是着力加强城市大脑和城市神经末梢建设，打造数字城市底座，精准辅助决策研判。上海城市运行"一网统管"基本建成城市"时空底图"，推出国内首个"城市运行数字体征系统"，不断丰富城市体征的表述和应用，为城市智慧高效运行提供基础支撑。同时，持续推进新型基础设施建设，打造"新基建"标杆城市。上海成立全国

---

［1］ 2020 年底，上海市委、市政府发布《关于全面推进上海城市数字化转型的意见》，提出推动经济、生活和治理三大领域数字化转型。

首家市域物联网运营中心，统筹推进市政和交通设施上的智能感知设备建设与应用，推动全市建设物联感知神经元节点数量累计超 2000 万个，预计 2025 年建成物联感知终端数超过 1 亿个，更好支撑"一网统管"，赋能城市运行管理。二是通过城市体检，全面掌握生命体征，为防治城市病提供客观指引，全面推动城市治理由经验判断型向数据分析型转变。上海以住建部的城市体检指数为基础，划细体检单元，从住房到小区、街道、城区全面开展城市体检，并因地制宜制定了体现上海特点的"50+N"城市体检指数，依托"一网统管"平台开展城市体检社会满意度调查，出具"体检报告"。体检报告为上海城市管理精准把脉提供依据，助推城市管理精细化水平进一步提高。

2. 系统推进智能应用场景迭代升级，提高预测预警预防能力

一是数字赋能精准管理。上海持续推动城市运行和政务服务"两张网"迭代升级，"一网通办"上线"高效办成一件事"50 个、"免申即享"服务事项 358 个，开通长三角跨省通办服务 173 项；"一网统管"接入 82 个部门单位、1515 个应用，强化智能场景开发应用，有效提高了对各类风险及时感知、快速反应、协同处置的能力[1]。比如，2022 年 1 月，在每日例行养护巡查中，通过智能巡查设备在杨浦大桥主桥下游侧 2 车道发现一条长 2.8 米、宽 0.2 厘米的纵向裂缝，即刻自动派单给维修人员，安排在最短时间内修复。二是数字赋能高品质生活。2019 年 11 月，习近平总书记在上海考察时指出："要推进服务供给精细化，找准服务群众的切入点和着力点，对接群众需求实施服务供给侧改革，办好一件件民生实事。"上海始终牢记习近平总书记的殷殷嘱托，创新智慧养老新模式，推进网站和 App 适老化改造，

---

[1]　中共上海市委：《奋力谱写新时代人民城市建设新画卷》，《人民日报》2024 年 11 月 1 日。

提供"一键式"就医、用车、水管家等服务，努力消除"数字鸿沟"，通过科技赋能，让市民享受到数字化便利，让人民生活更美好、更幸福。例如，上海市长宁区江苏路街道为独居老人安装智能水表，担当起看护高龄独居老人安全的重大使命。

（五）以社会化促进精细化管理

城市工作是个系统工程，做好城市工作需要统筹政府、社会、市民三大主体，建人人参与、人人负责、人人奉献、人人共享的城市治理共同体，使政府有形之手、市场无形之手、市民勤劳之手同向发力、同题共答。当然，城市管理精细化不只是政府的"独奏"，而是"大合唱"。社会化是上海城市管理精细化的突出亮点。

通过党建引领，集聚城市管理精细化的正能量。上海发挥党建引领城市基层治理优势，通过党建联建等方式，把驻地单位、社会组织、企业、居民等纳入治理框架，激发其积极性、主动性、创造性，参与到城市管理精细化工作中来。比如，建立路管会等自治组织，加强街区精细化管理。又如，发挥居民自治功能，加强社区治理。尤其在生活垃圾分类治理中，居民自治起到重要作用。

创新社会参与模式，为城市管理精细化提供专业支撑。上海积极引导社会组织、市场主体等参与城市治理，发挥好专家和专业团队作用，致力于构建多元治理格局。2023 年 11 月 17 日，上海市规划和自然资源局印发《关于建立"三师"联创工作机制，推进城市更新高质量发展的指导意见（试行）》，选取了外滩第二立面、老城厢地区、衡复地区、石门二路地区等 10 个城市更新单元，试点责任规划师、责任建筑师、责任评估师"三师"联创机制，为城市更新提供全方位技术支撑。

拓展参与渠道，为城市管理精细化集聚智慧和力量。城市管理离不开全民参与，其前提是打通政府与群众的联络渠道，拓宽政府与群众的联系网络。上海构建了从市委领导信箱、市政府领导信箱、12345市民服务热线、市民建议征集和基层立法联系点等沟通渠道，有利于社会问题的精确定位、群众需求的精准识别，从而找准关键症结、明确工作着力点，推进城市管理的精准化和公共服务供给的精细化，提升市民对城市管理和公共服务的满意度，使得城市运行、管理有了更广泛的群众基础。

多年来，上海积极探索实践，形成了一批全面提升城市建设和治理水平的可复制可推广的经验，为推动我国城市高质量发展创造了经验、提供了样板。城市精细化治理就是其一。2020年7月28日，住建部与上海市人民政府签署共建"超大城市精细化建设和治理中国典范"合作框架协议，既是对上海经验的认可、成绩的肯定，也是对上海更高的期待、更严的要求。

三、从精细化管理到精细化治理的跃升

上海超大城市精细化管理取得了很大成绩，民众的满意度不断提升。但是，这并不等于工作尽善尽美，事实上还存在很多问题、困难和挑战，需要以更大的智慧和努力加以解决和克服。其中，精细化管理的长效常态面临巨大挑战。因为，上海城市精细化管理采取政府主导、财政支撑、项目建设等方式推动，虽然见效快、显示度高，但内生动力不够充沛、长效机制不够成熟，精细化的集体自觉、行动自觉依然困难。2024年8月21日，上海市政府召开的城市管理精细化工作部署会议强调："要坚持数字赋能，建立健全长效机制，夯实城市治理共同体建设基础，全面提升城市管理精细化的能力水平。"这就

是对上海城市管理精细化短板弱项的清醒认识和积极回应。

城市管理精细化工作不仅是攻坚战，更是持久战。如何激发动力，形成习惯？这不仅要重视制度驱动、技术驱动，更要重视责任驱动和情感驱动。而责任和情感的形成在于先进理念的坚守与践行。这种理念主要是城市治理理念和人民城市理念。城市管理主要是通过标准、制度来管控秩序、维护安全，人更多地被视为约束的对象。而城市治理强调多元参与，对主体需求的多样性、主体行为的可持续性、社会的公平性关注得更多。人作为治理主体，参与越多、被尊重越多、机会越公平，其动力越足。因此，激发动力、形成常态，关键在于深入践行人民城市理念，实现从精细化管理向精细化治理跃升。

（一）坚守人民城市重要理念，激发城市精细化治理的强大动力

人民城市重要理念深刻揭示了中国特色社会主义城市的人民性，也赋予了城市管理精细化工作的新使命。城市精细化治理则是人民城市重要理念在城市管理领域最生动的实践和表征。

1. 以人为本是精细化的内在驱动力，是精细化管理可持续的基础支撑

城市的核心是人，城市治理的根本目的就是不断提高人民群众的获得感、幸福感和安全感。城市精细化治理的努力方向就是人民对美好生活的向往。城市工作不能见物不见人，城市精细化工作不是为了管理而管理。之前备受舆论关注的上海市常德路黑白店招事件在当时引发热议。这种为了减少潜在的公共安全风险采取"一刀切"粗放式整治店招店牌的行为，显然不符合城市精细化治理要求。其根源在于对以人民为中心的发展思想理解不深，缺乏足够的人文关怀。精细化要尊重每个个体的尊严和个性化需求。城市管理标准制定不能"一刀切"，要注重多样化和多元化。既注重安全底线，又关注风貌特色的《上海户外招牌设置管理办法》的出台，正是对这一精细化治理规律的顺应与回应。

"意识理念是行动的先导。"新时代城市精细化治理，必须坚持以人民为中心的发展思想，深入践行人民城市理念，把人文关怀渗透到城市管理的方方面面，更加注重从市民的角度思考问题、解决问题，把人民的疾苦印在脑中，把人民的利益放在心上，立足于便民、为民的出发点，以人民满意度为评价标准开展城市精细化治理实践。这意味着城市精细化治理不能简单做技术判断，而应该多作价值判断，把问题往细处想、往实里做。只要有利于人民群众根本利益的事，再难也要想办法解决，再难也能想到办法解决，再难也应想到人民满意的办法解决。

2. 城市治理共同体是城市精细化治理的社会基础和重要支撑

城市工作是个系统工程，没有广大人民共同参与管理，仅靠政府部门单打独斗，精细化管理哪怕设计得再精细精致，高科技手段哪怕用得再多，其效果也必将大打折扣。政府不能包办、包揽一切。全靠政府，既不实际、也不实惠，还可能会存在短腿、缺失、盲区等问题，甚至高成本，那么城市管理就不可能精细化起来。比如，生活垃圾分类、群租治理、违法建筑治理、加装电梯等都需要群众支持。因此，城市管理者要以更加开放包容的心态，推动多元主体参与，把市场配置资源功能发挥至最大，把社会的参与作用发挥到最优。其中既需要各社会主体对自我行为进行管理，也需要人民提高对公共事务管理的积极性与主动性。多元主体参与在城市治理中的协同合作，有助于降低行政部门的管理成本和阻力，有助于提升精细化治理的认同感。

（二）精准把握精细化治理的本质，避免陷入"精细化陷阱"

1. 精细化要与城市发展阶段相适应

精细化不仅是理念和方法，更是文化和能力。精细化与城市文化、生产力水平、人员素质、经济实力等密切相关。上海不仅具备精细化的城市基因、文化传统、经济实力，而且具备精细化管理实践基础。上海已经从"建管并举""以人为本、管理为重、安全为先"提升到"城市管理精细化"阶段，[1] 随着上海城市管理水平和管理能力的提升，城市管理者的自信在增强，服务人民的热度在升高，对"城市管理精细化"工作的自我要求和标准设定也在不断提高，尤其是在迈入高质量发展的新的历史时期，高水平的精细化治理成为必然。

2. 精细化要避免内卷化

"内卷化"可以被理解为一种社会模式发展到一定阶段后，便停滞不前，仅通过不断细节化、复杂化维持一种自我锁定、自我稳定的状态，而无法转化、发展为另一种高级模式的现象。精细化力求把事情做得更好，质量更优，但是不能异化为妨碍创新的阻力；也要防止过度投入、低效投入所带来的无谓消耗，从而避免为了精细化治理而追求精细化的过程，提高城市管理有限资源的利用效率。

3. 精细化要防止形式主义

"绣花"思维融入城市治理，意味着不能"差不多就行"，而是"差一点都不行"，但是要避免过度精细化。精细化强调标准化、可量化，但是实践中出现量化指标脱离实际情况等过度精细化现象，可能沦为形式主义。

天下大事必作于细，城市治理工作也是如此。旨在加快建成具有

---

[1] 上海市住房和城乡建设管理委员会：《像绣花一样管理超大城市（城市管理精细化卷）》，中国建筑工业出版社 2021 年版，第 27 页。

世界影响力的社会主义现代化国际大都市的上海正在精细化治理上下功夫、探新路，为破解超大特大城市精细化治理这一世界性难题提供上海方案、贡献中国智慧。

案例专栏 1：
精心打造"武康大楼" 绣出城市品质品牌

武康大楼原名东美特公寓、诺曼底公寓，建于 1924 年，是上海最早的外廊式公寓建筑之一。经年使用后，无论是建筑内外都面临环境差、管线乱、设施老化等问题。2018 年上海加强城市管理精细化工作推进大会后，徐汇区以武康大楼这一地标性的优秀历史建筑为"试验田"，通过精品项目化建设，"打造全球城市衡复样本"，探索衡复风貌区的精细化管理标杆。修缮后的武康大楼成为"网红大楼"，成为家门口小而美、小而精的好去处，成功入选 2022 年第四届中国（上海）社会治理创新实践案例。[1]

1. 匠心独运、精雕细琢，让建筑重现历史韵味和清新优雅

2018 年 4 月，武康大楼迎来了新一轮的整体性修缮。为了让武康大楼重现原有的建筑风貌，确立了"既要面子又要里子"的修缮思路。一是清理大楼周边管线。经过多方论证，决定实施架空线入地工程，清理"包裹"着大楼外立面数不清的电线电缆。经过 10 个月的紧张施工，克服了最复杂的地下路况限制，共拆除信息通信光

---

[1]《软硬兼施、内外兼修，武康大楼精细治理成就"网红地标"》，载文明上海网，2022年 1 月 10 日。

缆 65 根、钢绞线 10 根、10 千伏架空线路和 0.4 千伏架空线路各一路，使这座近百年的历史建筑重现清新优雅。二是保护性修缮外立面。按照上海对历史建筑"修旧如旧"要求，施工部门仔细比对邬达克的设计原稿，多次邀请专家到现场进行详细考证和研究，详细考证每一块砖、每一处装饰细节，调派施工经验丰富的"能工巧匠"还原大楼最具特色的清水砖墙和水刷石装饰，如修补后的清水砖墙上的纹理，都细化到要求按雨滴在墙面下落效果处理为竖向纹理，从而使百年建筑重现曾经的韵味与面貌。同时，针对武康大楼外立面空调机架、雨棚、晾衣架等附着物，尤其是二楼水刷石牛腿部位的空调机架，对建筑特色部位及整体风貌造成了极大的影响，修缮工程狠做"减法"，将二楼牛腿部位空调机架全部移至内天井，将二楼以上所有空调机架位置进行规整，做到"横平竖直"，并将外立面雨棚、晾衣架全部拆除，尽可能将附着物对原有风貌的影响降到最低。

2. 以巧心化解难题，老建筑也有现代化生活

历史老建筑保护和修缮，不只是老房子外在容颜的"修旧如旧""原汁原味"，而是密切关系到房子的"内里"，关系到居住于此的老百姓生活。由于武康大楼本次修缮涉及了大量的空调移机，晾衣架、雨棚拆除等工作，而且为了确保安全，施工期间脚手架拉结钢管是从居民窗口伸入户内的，因此起初居民难免会有比较大的抵触情绪。徐汇区坚持用诚心换取居民支持，用巧心解决民生难题。一是施行"一户一方案"。区房管局、湖南街道、居委、物业专门成立了居民工作小组，针对每户居民实际情况制定了居民工作"一户一方案"。比如，针对二楼空调移机后制热制冷效果下降的问题，采用

了"单户中央空调"的解决方案，确保了空调使用效果；在走廊设置晾衣架的同时，将辅楼屋面修缮一新，并新增公共晾衣区域，满足居民的晾晒需求；为居民统一安装内百叶，解决雨棚拆除后的日晒问题。最终，居民们被打动了，修缮方案得以实施。二是成立"楼管会"，建立议事共商机制。"楼管会"是武康大楼实施精细化治理的重要平台，7名成员中有4名是党员。在党总支的引领下，"楼管会"成为与居民沟通日常机构，党总支基于"楼管会"反馈的诉求，引领居民通过听证会、协调会和评议会等平台，达成社区治理的核心议题。以"百姓合议、百家合力、百事合成"的"百合工作法"是武康大楼实现精细化治理的重要工作举措，在百姓通过"武康汇"平台议事协商的基础上，党总支整合居民、区域单位、志愿服务团队等各类服务资源，解决百姓诉求，实现"老洋房里的美好新生活"，创设了"大家的事大家想、大家的事情大家办"的良好治理氛围。

3. 以卓越心抓细节、见情怀，使得"建筑可阅读""街区可散步""城市有温度"

武康大楼斜对面的天平路、淮海中路口接近30度角的人行道拐角区域，是拍摄最佳位置，但是由于人行道过于狭窄，无法人景同框。如何满足人民群众对拍摄留念的需求呢？其实，这处街角前几年引入专业设计团队进行了风貌整治，从地砖、树木到街边设施都做了精细化考虑。但为了满足人民群众高品质生活需求，自2020年10月起，一场街角"微更新"适时启动。徐汇区移位了4处电箱、1根电杆等"城市家具"，人行步道沿着石弧顶向外扩展3.6米，打造出一个武康大楼前的"源点广场"，为往来路人打造出一片安全、开阔的取景地，打卡留念实现了"人景同框"，旅游和安全得到兼顾，整个街区有了全新感官体验。游客惊呼武康大楼"太好出片了"。

不仅于此，徐汇区文旅局努力探索老建筑的创新打开方式，在"源点广场"地面设置铜质的指示导向牌，标示各个文化地标的步行距离——上海宋庆龄故居60米、上海交大早期建筑750米……[1]为了更好了解武康大楼的历史和文化，又在武康大楼设置二维码，扫一扫就能了解其前世今生，基本实现建筑的可读、可听、可看、可游，让越来越多的市民和游客体验"最上海"历史文化和城市的温度。此外，为更好突显大楼的历史文化气质，武康大楼底层的业态也在精细化治理中进行调整，一批有文化气息的文旅主题店铺、咖啡小店入驻，浓厚的人文艺术氛围愈加突显。

4. 以智能化手段，实时监测"健康数据"，精准保护百年历史建筑

徐汇区房管局结合"网格化2.0"建设，在武康大楼试点开展了信息化监测技术，与岩土所、上海交大、中国科学院等专业单位合作，在武康大楼安装了智能感知设备，监测建筑的震动、倾斜、位移、裂缝等"健康数据"，并将数据实时传输到区网格中心形成后续处置闭环，全面为武康大楼的房屋安全"保驾护航"，实现精细化管理全覆盖、全过程、全天候。

武康大楼修缮工程正是上海城市精神的生动实践和集中体现。武康大楼作为城市精细化治理的标杆示范工程，已经成为上海大都市的"金名片"。"武康大楼效应"也正逐步向全市、全国扩散开来。

---

[1]《沪上这个知名打卡点完成"微更新"，最佳拍摄点位扩容》，载上观新闻，2021年3月9日。

案例专栏 2：

"智慧"用心，下足养老工作的"绣花功夫"

中国式现代化是通盘考虑老龄化问题的现代化。构建老年友好社会，是实现中国式现代化的应有之义。据统计，截至 2023 年末，上海市户籍人口中 60 岁及以上的老年人口占 37.4%，65 岁及以上的老年人口占 28.8%，80 岁及以上的高龄老年人口占 5.4%，上海已经进入深度老龄化社会。在这些老年人口中，独居老年人数为 33.41 万人，其中孤老人数为 2.58 万人。如何解决独居老人养老这一难题？传统的做法是一对一或者一对多的电话、上门关爱独居老人的联系机制，但无法实现全天候陪伴，怎样掌握老人动态信息，及时提供关怀？上海的答案是智慧养老。为了让独居老人生活既安全又幸福，2020 年作为国家级智慧健康养老应用示范街道的长宁区江苏路街道为辖区 1200 余名独居老人，安装智能水表、智能门磁、烟感报警器、红外监测等设备，构建起精细化、智能化养老新模式，让人民群众有实实在在的获得感和安全感。

用心用情，下足智慧养老的"绣花功夫"。[1] 江苏路街道为独居老人安装智能水表，如果 12 小时内读数低于 0.01 立方米，系统就会自动预警，并发送微信提醒，社区网格员、居委会干部会第一时间上门探视老人，并将核实情况上报街道责任科室。智能水表可以精准有效提供服务，担当起看护高龄独居老人安全的重大使命，让老人感受到城市、社区的温度。智能水表技术并不复杂，其背后体现了政府用心用情用力解决老百姓困难的朴素情怀；0.01 立方米读数的"智

---

[1]《上海试点为独居老人安装智能水表，背后是政府用心和企业有心》，载上观网，2020 年 12 月 12 日。

慧"关怀并非重大创新，却彰显了建设人民满意的服务型政府的实际行动。

科技赋能，提高"绣花功夫"的实效。技术不是年轻人的专属，也不会"歧视"任何人。只有善用技术，老人也一样能分享技术进步所带来的红利。一是"科技＋'一网统管'"，使得智慧养老效果倍增。智能水表24小时守护老人安全，得益于上海每个区、每个街镇都有24小时运行的城运中心所搭建的"一网统管"平台。把智能水表终端接入街道"一网统管"平台，就能及时掌握老人居家情况并把这些数据实时传递给独居老人的联系人，联系人会第一时间上门，如果发现险情，会与后台联系，其他的相关部门也会第一时间赶到现场。二是"科技＋人文""科技＋社会"，使得老年人生活倍感温度。科技是冰冷的，但是使用科技的人是有感情的。智能水表以富有人文关怀的技术为老人的健康与生存赋能，体现"科技向善"的力量，让街道养老工作既有"智商"又有"情商"。科技是可以依靠的力量，但我们不能完全依赖科技。从智能水表发现问题到传到网上，然后网络后台要处理，之后志愿者和专业人员上门服务，这是一整套服务体系，单靠一个智能水表是无法解决问题的。智能化的手段需要与传统的工作方法结合起来、需要整个社会一起来参与，共同绘就老年人的幸福生活。

第五章

韧性安全：城市运行安全需要韧性保障

自 20 世纪 90 年代以来，中国城市化进程进入全面快速推进阶段，城市综合实力取得前所未有的发展和进步。但伴随着经济社会发展的同时，一些超大城市运行系统脆弱性、易损性和复杂性日益凸显，各类风险因素呈积聚、叠加和放大趋势，城市发展已进入"风险综合体"时代。各类由风险综合体演变而来的危机事件层出不穷、频繁发生，给超大城市运行安全带来前所未有的压力。加快城市特别是超大城市安全韧性建设，提升城市防范化解"风险综合体"的治理能力，成为近年来党中央和地方政府共同推动的重大战略。

2023 年 11 月，习近平总书记在上海考察时指出："全面推进韧性安全城市建设，努力走出一条中国特色超大城市治理现代化的新路。"[1] 上海市立足自身实际，以《上海市城市总体规划（2017—2035年）》为起点，加快构建符合社会主义国际化大都市定位的韧性安全之城。上海韧性安全城市建设经历了"更可持续的韧性生态之城""适应城市运行发展的韧性城市"和"面向全球前列的安全韧性城市"等三个阶段，实现了从萌芽到起步再到加快升级的跨越。通过统筹推进制度韧性、组织韧性、空间韧性、社会韧性和技术韧性等维度建设，上海城市韧性安全水平逐步提升，近年来成功应对一系列重大风险挑战，有力维护了人民生命财产安全。未来，上海将持续深化城市安全

---

[1]《习近平在上海考察时强调：聚焦建设"五个中心"重要使命　加快建成社会主义现代化国际大都市》，《人民日报》2023 年 12 月 4 日。

韧性提升行动，坚持党建引领，突出精细理念，加快数字转型，全力维护超大城市安全有序运行，以高水平安全保障高质量发展。

一、"风险综合体"背景下的超大城市治理难题

（一）环境之变："风险综合体"的提出

随着国际国内形势发生深刻复杂变化，我国面临的重大风险在形态上逐渐向综合化、系统化、复合化方向发展。2015年10月29日，习近平总书记在党的十八届五中全会第二次全体会议上提出"风险综合体"的概念："需要注意的是，各种风险往往不是孤立出现的，很可能是相互交织并形成一个风险综合体。"同时指出，"不让小风险演化为大风险，不让个别风险演化为综合风险，不让局部风险演化为区域性或系统性风险"。[1] 此后，习近平总书记从总体国家安全观的视野出发，多次强调应对风险综合体的重要性。2016年1月18日，习近平总书记在省部级主要领导干部学习贯彻党的十八届五中全会精神专题研讨班上指出："各种矛盾风险挑战源、各类矛盾风险挑战点是相互交织、相互作用的。如果防范不及、应对不力，就会传导、叠加、演变、升级，使小的矛盾风险挑战发展成大的矛盾风险挑战，局部的矛盾风险挑战发展成系统的矛盾风险挑战……最终危及党的执政地位、危及国家安全。"[2]

（二）大城之困："风险综合体"给城市治理带来挑战

单一风险向复合风险或风险综合体的演变，对超大城市的风险治理能力构成了严峻挑战。以上海为例，随着城市运行中风险呈现高发

---

[1]《习近平谈治国理政》第2卷，外文出版社2017年版，第82页。

[2]《习近平谈治国理政》第2卷，外文出版社2017年版，第222页。

易发态势，且各类风险源、风险点相互交织、相互作用，城市面对复合风险的预防和应对能力相对不足，容易因意外扰动造成更严重损失。

一是传统风险复合叠加。上海地处长江入海口，面向太平洋，行政区划面积达 6340.5 平方千米，常住人口超过 2487 万。作为超大城市具有复杂巨系统特征，上海人口、各类建筑、经济要素和重要基础设施高度密集，致灾因素叠加，一旦发生自然灾害和事故灾难，可能引发连锁反应、形成灾害链。2021 年 5 月印发的《上海市人民政府关于进一步加强城市安全风险防控的意见》将涉及危险化学品、建筑、消防、城市"生命线"重要基础设施、大型群众性活动、自然灾害等 9 类安全风险，确定为上海城市安全风险防控的工作对象。这些风险因素既可能单独演变为某一类型的突发事件，也可能相互叠加、相互作用，最终形成复合型风险事件。

二是新兴风险不断涌现。作为全球科技创新中心和国际化大都市，上海各类新业态、新产业、新技术不断出现，但也面临比以往更复杂的安全隐患，城市风险管理的重要性日益彰显。如在新能源方面的电化学储能电站、醇基燃料、海上风电，文旅体育方面的密室逃脱、剧本杀、室内冰雪运动、围炉煮茶等，游乐设施方面的热气球、过山车等，上海面临着日益多样化的新兴业态风险。大数据、人工智能、无人驾驶等新兴技术加快推广应用，新技术带来的"双刃剑"效应将逐步显现。特别是人工智能、智能制造等新技术，在智能设备安全、网络信息安全、人工智能安全、数据保护和确权等方面给信息安全和风险管理带来了挑战。[1]互联网因其传播快、影

---

[1]　伍爱群、郭文炯、韩佳：《加强上海韧性城市建设提升防抗风险能力的建议》，《华东科技》2022 年第 9 期。

响大、互动性强、管理困难等特点，容易导致网络安全和信息安全问题的发生。这些风险的涌现，极大增加了城市风险治理的难度和挑战。

三是城市脆弱性逐渐凸显。"十三五"以来，上海安全生产治理能力、自然灾害综合防治能力和应急抢险救援能力明显提高，各类生产安全事故总量和死亡人数总体保持下降态势，城市安全运行总体平稳、基本受控、趋势向好。然而，一定时期里，上海在建设符合超大城市治理特点的现代化应急救援体系、灾害综合防治体系方面还存在诸多"短板"：应急管理统筹协调机制发挥不足；灾害事故风险综合防控能力不强；应急救援体系统筹建设实效不足；应急管理基层基础建设力度不够。这些短板的存在，使得城市在面对传统与新兴风险时暴露出脆弱性。

总的来看，超大城市公共安全风险越来越具有复合性、叠加性、联动性、扩散性、隐蔽性增大等特征。传统风险与非传统风险交织，且在一定条件下容易由潜伏状态转化成激活状态，从单一风险演变为一系列系统性风险，威胁整个城市的公共安全。在此背景下，韧性安全城市这一目标的提出，正是对风险综合体问题的现实回应。

二、迈向韧性安全城市：超大城市运行安全治理的内在遵循

为应对"风险综合体"，确保城市运行安全，超大城市亟须加快韧性安全城市建设步伐，提升对各类风险的综合治理能力。

（一）能力导向：韧性安全城市的治理实践

"韧性"（resilience）一词最初源于机械力学与工程学，指某一物体在受到外力变形后回到原始状态的能力。1973年，加拿大生态学家

霍林（Holling）首次将"韧性"这一概念引入生态学领域中，用以表示韧性是系统受外部因素变化影响后仍然持续存在的能力。[1]随着研究的深入和拓展，"韧性"一词被引入更多的领域，如生物学、教育心理学、组织管理、应急管理、城市规划等，并逐渐进入政府治理话语体系。2002年，联合国可持续发展全球峰会首次提出建设"韧性城市"的目标。党的十九届五中全会中首次提出，建设"海绵城市、韧性城市"。综合国内外情况看，韧性安全城市的核心内涵可以理解为城市对发展中的各类冲击或风险具备有效的预防、抵御、恢复和适应能力。

2024年9月16日至21日，上海接连受到"贝碧嘉"和"普拉桑"两大台风的影响。其中，"贝碧嘉"系1949年以来登陆上海的最强台风。"普拉桑"则在19日至20日期间2次登陆上海，造成全市范围的大到暴雨。由于强降雨出现在工作日，且从凌晨持续到上午，全城多处出现积水，对城市有序运行构成较大挑战。面对台风带来的严酷考验，上海迅速响应，全市上下充分准备、齐力应对，台风离境数小时后，城市运行开始逐渐走向正轨，展现出了超大城市对于灾害冲击的韧性治理能力。

1. 预防能力：推动关口前移

所谓韧性安全城市的预防能力，即冲击发生前，城市系统通过风险识别、风险预警、风险决策、风险沟通、风险控制等减少冲击发生概率的能力。如在台风"贝碧嘉"登陆前，上海市委主要领导前往市防汛指挥部检查和调度全市防汛防台工作，要求"全力以赴打好台风防御战""提升全社会防范总体能力"。上海市气象局决策服务中心严

---

[1] Holling CS, Resilience and Stability of Ecological Systems, *Annual Review of Ecology and Systematics*, 1973, (4): 1–23.

格按照台风"3216"递进式预报预警服务行动序列，以精细化气象服务支撑全市防汛防台工作。针对地下轨交、地下车库、涵洞等低洼地带，城乡危房、景区景点、沿海场所等重点区域，对户外广告牌、外挂空调等高空部件进行检查。许多居村的高龄独居老人等特殊群体的用餐需求也被提前考虑，由工作人员配送上门。为预防物资供应问题，菜市场、农产品批发市场、超市等各流通环节事先加大采购量，备足货品。

2. 抵御能力：减轻灾害冲击

所谓韧性安全城市的抵御能力，即冲击发生时，城市系统迅速响应、减少冲击伤害的能力，包括应急指挥响应、应急处置、信息沟通、资源保障等环节。如为应对台风"贝碧嘉"，上海全市组织起850余支党员突击队、志愿服务队，积极投身防汛防台一线，充分发挥各级党组织战斗堡垒作用和广大党员干部先锋模范作用，全力维持城市运行、守护群众安全。自台风"贝碧嘉""普拉桑"登陆上海后，上海各行各业将应对工作落到实处，周密排查、消除隐患，对灾情进行了快速应急处置。如电力部门全面启动防台防汛应急预案，从"阻、堵、排、监"四个方面制定"四道防线"提升方案，确保电网安全稳定运行及市民正常生活用电。针对"普拉桑"造成较严重的城市积水问题，水务部门第一时间派出28辆移动泵车支援奉贤、浦东等积水严重区域抢排积水，交通部门对21处下立交采取封交措施，消防部门出动专用排水车181辆次抢排积水。

3. 恢复能力：快速回归秩序

所谓韧性安全城市的恢复能力，即冲击发生后，城市系统迅速自我修整或重建，还原或维持城市原有功能状态的能力。如台风"贝碧嘉"在9月16日7时30分前后登陆后一定程度造成电网故障，上海电力部门立即处于一级抢修状态，尽最大努力、用最快速度恢复停电区域的供电。截至 9 月 16 日 15 时，近一半的停电用户已恢复供电，平均修复时间约 20 分钟。随着台风风势、雨势减小，浦东、虹桥两大机场逐步恢复通行。"贝碧嘉"离境后，上海地铁地面及高架停运区段陆续恢复运营，从 9 月 16 日 18 时 20 分起，全网络所有线路均恢复正常，铁路和航空方面也从当天起逐步恢复。根据各景点的恢复工作进展情况，上海迪士尼乐园、东方明珠塔等景点也陆续恢复运营。

4. 适应能力：主动学习提升

所谓韧性安全城市的适应能力，即冲击发生后，城市系统通过危机学习和组织变革等环节，实现城市与风险动态平衡的能力。如在检查、调度和部署台风"贝碧嘉"防御工作期间，上海市委主要领导就强调要"加强经验总结，完善工作机制，锻造过硬队伍，为做好防汛救灾工作、建设韧性安全城市奠定坚实基础"。随着台风"普拉桑"对上海产生影响，市委主要领导再次强调，要把在防御台风"贝碧嘉"中形成的经验做法用好用足，切实提升全社会防范总体能力。两次台风影响结束后，上海市防汛办分三次召开台风"贝碧嘉""普拉桑"防御工作的复盘会议，要求搜集整理台风防御期间风情、水情、雨情、灾情等数据，总结防御台风的好做法和成功经验，分析存在的问题和不足，提出改进措施，汇编形成台风防御工作的纪实材料，为今后的防御工作提供科学指导。

总之，从上海应对"双台风"灾害冲击的治理实践来看，韧性安全城市中的"韧性"是一种贯穿事前、事发、事中和事后的总体能力。"韧性安全城市"是对原有"韧性城市"概念的突破与创新，是一种通过自身韧性建设实现安全发展的城市形态，也是总体国家安全观、统筹发展和安全、大安全大应急、全生命周期等理念在城市治理领域的具体体现。

（二）规划先行：上海韧性安全城市建设的探索历程

作为较早提出"韧性城市"建设目标的城市，上海近年来采取了一系列举措和行动，加快构建符合超大城市特点的韧性安全城市。通过对相关政策文件的梳理，可以发现上海韧性城市建设大致经历了三个不同的历史阶段。

1. 萌芽阶段（2014—2019年）：探索建立更可持续的韧性生态之城

上海韧性安全城市建设最早聚焦于城市生态安全。在资源环境紧约束压力持续加大、城市安全风险日益凸显的背景下，上海市于2014年4月启动编制《上海市城市总体规划（2017—2035年）》，明确上海的城市发展要牢固树立"底线思维"，严守土地、人口、环境、安全四条底线，把保护城市生态环境和保障城市安全放在优先位置，实现内涵发展和弹性适应。该规划提出，到2035年，基本建成"更可持续的韧性生态之城"，并从生态、环境保护和城市防灾减灾三个维度提出了韧性城市建设举措。该规划的制定符合我国韧性城市建设的基本实践，在城市弹性、应对不确定性、可持续发展理念、安全风险管控以及公众视角等方面，成为我国当前城市总体规划的新标杆。在此规划的指引下，上海于2016年启动编制《上海市海绵城市专项规划（2016—2035年）》，提出以建设"韧性城市、水和谐城市、生态文明城市"为发展目标，到2040年建成能够适应全球气候变化趋势、具备抵抗雨洪灾害的韧性城市。

2. 起步阶段（2019—2021年）：探索适应城市运行发展的韧性城市

为提升风险防控和隐患治理能力，提高城市精细化管理水平和安全能级，上海开始在市级层面推出一系列政策举措，着力完善"韧性城市"建设的顶层设计。根据中央《关于推进城市安全发展的意见》精神，上海于 2019 年 9 月推出《上海市推进城市安全发展的工作措施》，提出要在 2035 年基本建成能够应对发展中各种风险、有快速修复能力的"韧性城市"。具体措施方面，从加强城市源头治理、加强重点领域综合治理、健全城市安全防控机制、提升城市安全监管效能、强化城市安全保障能力等 5 个方面提出 20 项工作措施。为扎实推进全市城市安全发展，2021 年 5 月，上海市人民政府发布《关于进一步加强城市安全风险防控的意见》，明确了指导思想上强化安全发展和安全韧性适应理念，细化了城市安全风险防控的 9 类工作对象以及 8 项重点任务，强化了区域性安全风险防控机制建设的顶层设计，为推动构建以点连线扩面的城市安全风险防控体系提供了制度保障。

　　3. 升级阶段（2021 年至今）：探索面向全球前列的安全韧性城市

　　随着城市能级的不断提升，上海与世界的联系日益紧密，城市风险也越来越具有全球性特征。2021 年 1 月，上海市人大批准《上海市国民经济和社会发展第十四个五年规划和二〇三五年远景目标纲要》（以下简称上海"十四五"规划），将"提高城市治理现代化水平，共建安全韧性城市"列为专门篇章，"韧性城市"被正式写入上海市的战略规划。上海"十四五"规划首次提出，要全面提升城市运行的功能韧性、过程韧性、系统韧性，构筑城市安全常态化管控和应急保障体系，使上海始终位于全球最安全城市之列。同年 7 月，上海发布了《上海市应急管理"十四五"规划》，围绕韧性城市建设目标提出 19 个重点工程项目。在此基础上，2022 年，出台《上海市综合防灾减灾规划（2022—2035 年）》。作为上海"十四五"规划系列配套专项规划之一，该规划构筑了"一体、两化、三级、四类、多支撑"的空间韧性格局，为上海在 2035 年建设成为"更可持续发展的韧性生态之城"明确了目标和路径。为推进其落实，上海于 2023 年 9 月发布《上海市综合防灾安全韧性分区分级建设指南》，进一步明确三级防灾分区韧性建设的要求。2024 年 12 月，上海市印发《关于加快推进韧性安全城市建设的意见》，对上海韧性安全城市建设作出全面部署。

三、统筹发展和安全：上海推进韧性安全城市建设的多维实践

作为一个复合的系统概念，韧性安全城市不仅包括预防、抵御、恢复、适应等过程性概念，也包括了制度、组织、社会、空间、技术等一系列结构性概念，是动态的过程性能力与静态的结构性因素共同作用的结果。面对全球气候变化、深度全球化和技术变革等带来的不确定因素的增加，上海通过制度韧性、组织韧性、空间韧性、社会韧性和技术韧性等多个维度建设，聚焦城市运行安全风险防控，提升城市运行的免疫力、抗逆力和响应力，保障人民生命安全和身体健康。

（一）制度韧性：健全规则标准体系

所谓制度韧性，即城市的制度系统在受到外来不确定性冲击时具备一定的应变、应对和适应能力。近年来，上海通过持续完善公共安全和应急管理制度体系，不断增强城市制度韧性。

强化规范标准制定。"十四五"以来，上海在综合防灾评估、防灾安全布局、应急保障基础设施、应急服务设施等方面加快推进城市安全管理标准建设。推进韧性城市相关技术标准研究，构建适应于超大城市运行特点的城市及基础设施在多灾害作用下的韧性评价与韧性提升技术标准体系。如推动出台《上海市公共卫生应急管理条例》，构建"预防为主、平战结合"的公共卫生应急管理体制机制。

加强预案修编管理。2020 年以来，上海市成立了以市应急局主要领导为组长的市总体预案修订工作小组，对长期实施的《上海市突发公共事件总体应急预案（2006 版）》进行了全面修订，在突出体现上海特点和应急工作实际的同时，努力构建覆盖市、区、街镇、社区、居村委、小区的应急预案体系。在做好市级层面预案工作的同时，指导基层各级全面开展预案编修，推动构建"横向到边、纵向到底"的应急预案体系。在基层应急预案编修中，明确基层单位在应急值守、信息报告、先期处置和舆情应对等方面作用，强化其第一响应人和先期处置功能。

健全安全工作机制。上海从超大城市治理的特点出发，围绕风险治理、联勤联动、应急动员等构建了一系列应急工作机制。如推进风险防控和隐患排查治理双重预防机制建设，加强对重点领域的风险管控、隐患排查，坚持实施政府挂牌督办隐患治理。通过整合 110、119 和交巡警三个指挥平台，成立市应急联动指挥中心，作为突发事件应急联动处置的职能机构，组织、协调、指挥、调度相关联动单位开展应急处置。推出党建引领基层治理"动员工程"，健全党员干部下派、报到机制，常态化选派年轻干部到居村挂职或任职，组织在职党员到社区报到、在社区服务。

（二）组织韧性：优化管理组织体系

所谓组织韧性，即城市的组织系统在逆变环境下具备的抗压性、存续性、适应性和可持续发展的能力。通过探索公共安全和应急管理体制改革，上海持续完善城市安全管理组织体系，为韧性安全城市建设提供了有效的组织保障。

推动领导议事协调机构建设。自 2005 年成立突发公共事件应急管理委员会以来，上海根据城市突发事件发生频率，在市级层面成立了防汛指挥部等 13 个专项议事协调机构，在常态化时期承担监测预警工作，在非常态时期则发挥领导指挥功能。2018 年，上海市应急管理局挂牌成立，整合市政府原应急办、市安全生产监督管理、市民政救灾、公安消防以及防汛抗旱、地震地质灾害、森林防灭火等相关职能。通过设立专业委员会等方式强化了安委会、灾防委的职能，调整设立了上海市城市运行和突发事件应急管理委员会，探索建设与上海城市定位相匹配的应急工作体制。

推动应急综合执法队伍建设。2022 年，上海市发布《关于深化我市应急管理综合行政执法改革的实施方案》，统筹对接应急、消防、军地及社会化专业应急救援体系建设，将分散于应急部门的部分行业安全生产监管，以及部分领域的行政处罚、行政强制职能进行整合，实行"按编配备、专岗使用、严格准入、一专多能、强化监督"的配置原则，新组建市应急管理局执法总队和各区应急管理局执法大队（支队），以本级应急管理部门名义统一执法，推动完善"统一指挥、专长兼备、反应灵敏、上下联动、平战结合"的应急处突工作体制。

推动区域应急协同能力建设。2020 年，上海参与组建长三角应急管理专题合作组，积极探索应急管理协同发展制度创新和工作联动的路径模式。参与签约《长三角一体化危险货物道路运输联防联控协议》，设立长三角一体化发展示范区应急指挥平台。参与制定《长三角应急物资协同保障协议》，在应急物资储备库建设、信息共享机制建设、跨省应急支援、日常交流等方面，探索三省一市区域合作路径。参与探索长三角安全生产领域失信惩戒制度，试点推进长三角地区初级注册安全工程师资格及继续教育学时互认。

（三）空间韧性：强化基础保障体系

所谓空间韧性，即城市的物理系统具有分散外部冲击、减少扰动影响、满足城市基本功能运转的能力。在推动空间韧性建设方面，上海依托其强大的经济和区位优势，强化空间资源和设施功能布局，开展了较为前瞻性的探索。

建强应急物资储备体系。经过多年的实践和探索，上海市逐步建立起"市、区、街镇、居村和家庭"五级储备，已初步形成具有上海城市特色的地方物资储备管理体系。机构改革后，通过完善"市—区—街镇"三级物资储备体系，确保灾后12小时内，群众基本生活需求得到保障。除了政府储备的应急物资外，组织开展社会化的协议储备，针对部分对储存时间要求较高的物资，与相关市场主体签订代储代供协议，实现动态储备。加强社区和家庭储备宣传，提高基层社会应急储备意识和主动性。

提高基础设施抗逆水平。在防汛防台方面，上海经过多年建设，基本形成"千里海塘、千里江堤、区域除涝、城镇排水"四道防线，通过扎实有力的防汛工程体系，成功抵御了近年来的多场台风、洪水及强降雨等气象灾害。近年来，上海市大力推进城市更新工作，增加社区公园绿地和公共通道，极大提高了应急疏散避难的能力；改造供水管网、排查燃气管隐患、更换老化电线、建设海绵城市，降低了社区生命线设施的事故风险。结合城市更新改造，采取"融合式建设、标准化嵌入、功能性叠加、多灾种防护"的方法，在全市范围大力推进应急避难场所建设。

加快冗余功能空间布局。2014年，在首届世界城市日论坛上，上海率先提出"15分钟社区生活圈"的基本概念，在市民15分钟慢行范围内，完善教育、文化、医疗、养老、休闲及就业创业等服务功能，提升各类设施和公共空间的服务便利性。在上海"十四五"规划中，上海提出"建立空间留白机制"，通过科学的城市规划，增强城市空间的包容性，提高城市应对突发重大事件的缓冲能力。最新一轮城市规划将"15 分钟社区生活圈"作为社区公共资源配置和社会治理的基本单元，在 15 分钟步行时间内，既可以满足日常基本生活和公共活动的需求，又可以在面对突发公共卫生事件时转化为防灾抗疫的基本空间单元。

（四）社会韧性：完善多元共治体系

所谓社会韧性，即城市的社会系统面对外部冲击时具备的社会整合能力、社会连接能力以及公众的安全文化与社会心理特征。上海围绕打造共建共治共享的社会治理共同体目标，协同市场和社会力量参与城市安全治理，持续提升城市社会韧性。

发挥市场主体作用。为了进一步创新监管手段，提高监管效能，上海市交通委通过与上海联茵信息技术有限公司合作，于 2014 年 1 月 1 日建成并运营"上海市交通运输行业第三方安全监控平台"（以下简称"监控平台"），对上海市 21032 辆"两客一危"（从事旅游的包车、三类以上班线客车和运输危险化学品、烟花爆竹、民用爆炸物品的道路专用车辆）运输车辆、6298 辆土方车、6229 辆搅拌车、164524 辆重型货运车辆进行 24 小时实时检测服务，推动行业安全管理合作监管的模式创新。2024 年，台风"贝碧嘉""普拉桑"登陆上海，造成众多企业和家庭遭受财产损失。在金融监管总局和上海市委、市政府的部署指导下，上海金融监管局督促辖内相关保险公司加快"双台风"报损案件的理赔工作，更好发挥保险经济"减震器"和社会"稳定器"作用。

鼓励引导社会参与。上海市应急局通过摸排走访，遴选出首批 28 支市级社会化应急救援队伍，初步形成"全灾种、大应急"市级社会化应急救援队伍体系。印发《市级社会化应急救援队伍工作规范（试行）》，明确队伍遴选、建设管理、指挥调度、征用补偿、考评奖励工作。崇明区通过党建引领开展"五新"行动（"五新"指新宣讲员、新公益员、新平安员、新网格员和新急救员），成功发动了外卖骑手、快递员等新就业群体参与到社会治理中。这些群体利用工作之便，通过"随申拍"等方式及时发现并上报安全隐患等问题，与城运部门和其他职能部门高效联动，取得了显著成效，被称为城市"啄木鸟"。上海还以"市安全发展和综合减灾示范社区"创建为契机，深入基层村居和社区，向居民宣传普及综合减灾意识和应急避险知识和技能。

（五）技术韧性：构建数字平台体系

所谓技术韧性，即城市的技术系统运用技术手段来实现城市风险治理的信息化、智能化、精准化的能力。依靠强大的技术和经济优势，上海在韧性安全城市的"硬件"建设上处于全国领先。

建立全域感知的数字体征系统。2021年，上海构建了全国首个城市生命体征系统，数据大屏可反映城市各领域运行状态，并叠加辅助分析预判功能，便于准确把握超大城市生命体征。近年来，上海围绕实现"一流城市一流治理"目标和"能监测、会预警、快处置"9字方针，持续推进城市安全风险监测预警体系建设，精心推选浦东新区、黄浦区、松江区作为监测预警平台建设试点单位，初步完成覆盖生命线工程、公共安全、安全生产和防灾减灾等重点领域的安全监测感知网络和预警系统建设，基本打通了"能监测、会预警和快处置"的纵向链条，创新"可研判"机制，实战成效显著。特别是浦东新区周全的体系化建设、黄浦区突出的精细化治理、松江区的实用性和贴近实际解决问题，得到了国务院安委会专家指导评估组的充分肯定，为城市安全风险监测预警工作复制推广提供了"上海路径"和"上海经验"。

建设专业运作的数字治理平台。近年来，上海综合运用物联网、云计算、智能感知、大数据分析等技术手段，为城市公共设施监测、数字化运营、安全预控、风险评估及智能运维等方面提供专业化支撑，有力促进上海超大城市韧性建设。如上海市借助各区城市运行管理中心平台，即"城市大脑"，发挥大数据和人工智能技术作用，实现城市运行"一网统管"，提高城市安全风险防控工作的智能化和精准化水平。再如，针对危险化学品监管，上海市应急管理局与上海市交通委员会联合推进"一企一品一码"，建立危险化学品从进口、生产、运输、储存、使用环节的全过程追溯体系，摸清数据家底、串联责任链条、消除监管盲区，实现危险化学品安全领域跨部门综合监管。

通过上述一系列的实践探索，上海近年来成功应对了一系列重大风险挑战，韧性安全城市建设水平走在了全国前列。2023年3月，《机遇之城2023》报告发布，上海在城市韧性专项上首次在全国城市中排名第一。2023年11月，联合国发布首批"创建韧性城市2030行动计划"，上海是国内成功入选的五座城市之一。

四、深化城市安全韧性提升行动：上海韧性安全城市建设未来展望

党的二十大报告提出，坚持人民城市人民建、人民城市为人民，打造宜居、韧性、智慧城市。党的二十届三中全会进一步提出"深化城市安全韧性提升行动"。作为一座拥有常住人口2400多万的超大城市，上海维护保障城市安全运行的责任重大、任务艰巨。特别是上海处于全面深化"五个中心"建设、加快建设具有世界影响力的社会主义现代化国际大都市的关键时刻，防范城市安全重大风险，尤为重要

与迫切。深化城市安全韧性提升行动，既是上海走出超大城市治理现代化新路的有益探索，也是其统筹发展和安全、建设人民城市的必然要求。面向未来，基于韧性安全城市建设的成功经验，上海将通过党建引领、精细理念和数字转型，筑牢韧性之基、塑造韧性品质和赋能韧性治理，实现城市安全韧性的整体提升，全力保障超大城市安全有序运行。

（一）坚持党建引领，筑牢韧性之基

基层是保障城市安全运行的基础和重心，也是直接关系群众安全、巩固党的执政基础的关键所在，因此是韧性安全城市建设的重点。上海作为党的诞生地，在基层治理领域具有鲜明的党建基因和优势。通过党建引领，上海将党组织力量深入基层社会，通过高效的社会动员，凝聚起强大的社会共识和行动合力。这种优势不仅要充分贯彻到常态化的基层治理中，也应当延伸到非常态的安全应急领域。2022 年 9 月，上海市推动出台《关于进一步加强党建引领基层治理的若干措施》《关于进一步加强居村干部队伍建设和激励关怀的若干措施》，以网格工程、连心工程、家园工程、强基工程、动员工程、赋能工程"六大工程"作为党建引领基层治理的重要抓手，引导更多力量为基层赋权、减负、增能。2024 年 12 月发布的《关于加快推进韧性安全城市建设的意见》提出，到 2025 年，基本建成党委领导、政府主导、分级负责、属地管理、多方参与、协同联动的城市韧性安全管理体系。面向未来，党建引领不仅将是上海常态治理中的重要工作原则，更是构建适应非常态情景的韧性安全城市的重要依托。

（二）突出精细理念，塑造韧性品质

习近平总书记强调："一流城市要有一流治理，要注重在科学化、精细化、智能化上下功夫。既要善于运用现代科技手段实现智能化，又要通过绣花般的细心、耐心、巧心提高精细化水平，绣出城市的品质品牌。"[1] 精细化的治理理念强调改变过去粗放的治理方式，对待城市安全工作应该像绣花一样，通过绣花般的细心、耐心、巧心提高精细化水平。多年来，上海通过分级分类管控、制定风险管理清单、强化科技手段应用等方式，建立健全城市风险管理体系，取得了明显成效。2024 年，上海印发《上海城市管理精细化三年行动计划（2024—2026 年）》，就开展重点隐患整治、完善安全管理体系、完善应急处置体系、提高风险应对能力等作出重要部署。2025 年 1 月，上海市委常委会提出，加快健全"统一指挥、专常兼备、反应灵敏、上下联动"的市、区、街镇三级应急指挥体系，在实战中不断优化完善，提高标准化、规范化、科学化水平。面向未来，上海作为超大城市的公共安全形势依然严峻，将精细化治理理念贯穿韧性安全城市建设工作全过程，构建城市运行安全风险精细化防控机制，具有重要的现实意义。

（三）加快数字转型，赋能韧性治理

超大城市的韧性治理是一项复杂的系统工程。针对城市风险的复杂性和不确定性，上海自 2019 年开始启动"一网统管"建设，将大数据、云计算、物联网等最新技术，运用于城市风险的监测预警和响应处置等工作。习近平总书记在上海考察时，曾把上海"两张网"建设比喻为城市管理的"牛鼻子"工作，体现了对上海数字化治理工作的肯定。《上海市全面推进城市数字化转型"十四五"规划》提出，坚持以"一网统管"理念，实现城市运行"高赋能、全覆盖、强监管"，增强城市快速响应效能，强化城市运行新韧性。2025 年 1 月，上海

---

[1]《习近平在上海考察时强调：坚定改革开放再出发信心和决心　加快提升城市能级和核心竞争力》，《人民日报》2018 年 11 月 8 日。

市委常委会提出，进一步推动数字赋能实战应用，增强指挥的扁平化和操作便捷度、实时响应度，以高效能治理支撑高质量发展，为"五个中心"建设创造安全有序社会环境。面向未来，上海在深化城市运行"一网统管"建设的同时，将继续以治理数字化转型为牵引，充分利用新一代数字技术，构建起精准高效的风险感知、预警和处置机制，探索以技术赋能韧性安全城市建设的创新路径，确保城市运行更安全、更有序。

案例专栏：
一条危化品"禁令"解除背后的数字治理密码[1]

作为安全生产重点监管领域，化工产业和危化品生产、作业、运输事关国计民生，也是安全生产的重中之重。上海危化品经营企业众多，又是全国最大的危险化学品进出口口岸，占到全国进出口贸易总量的近半数。安全生产底线如何守牢？

2006年，上海出台了危化品夏季禁运管控措施，旨在消除高温带来的安全隐患。2023年，《上海市危险化学品安全管理办法》全面实施，危化品运输不再受限，这一执行了17年之久的"禁令"正式取消。取消"禁令"，并不意味着放松安全管理。近年来，上海应急管理、交通、公安协同施策，以信息化、智能化的方式实现对运输车辆、驾驶员、装卸货环节等方面的有效监督管理，为取消"禁令"奠

---

[1] 资料来源于谢丹青、陈俊杰：《一条"禁令"解除的背后》，载看看新闻，2024年8月；浦东新区人民政府：《政府职能转变　浦东奋力打造社会主义现代化建设引领区》，载上海市人民政府网，2024年7月。

定了基础。

在上海道运中心"云路中心"平台，危险货物道路运输平台集合了上海所有运输单位、车辆、人员信息，实现了出车前、中、后的全周期数字化监管。比如，行车过程中，驾驶员疲劳驾驶、超速、接听电话，车辆有运单无轨迹、疑似定位系统失效等违规行为，都会第一时间触发预警，企业需要即刻响应干预，相关情况也同步进入了处置流程。从发现到接受执法部门处理、考评扣分，形成监管闭环。市道运中心表示，对于合规经营的企业，数字化监管是无感的。与此同时，管理部门也给予企业运力发展的激励举措。

随着上海危险化学品"一企一品一码"试点工作步伐的加快，危险化学品追溯码也在行业和企业间高速、有效地传递，其所承载的安全数据在"疾走奔忙"的过程中，生动诠释了数据赋能安全管理提升，以及为企业安全稳定运行"保驾护航"的属性。

以浦东新区为例。浦东新区危险化学品行业规模大、覆盖领域广、涉及环节多、安全要求高、管理难度大。为此，浦东新区以危险化学品"一企一品一码"试点为契机，形成危险化学品全过程管理设计方案，同时创新性地与交通运输电子运单绑定融合，实现部门间数据共享，强化危险化学品全链条监管，为危险化学品信息高效传递和实施全生命周期精准监管提供基础支撑，提升危险化学品安全风险数字化智能化管控水平。

浦东新区实施危险化学品"一企一品一码"，建立了"赋码＋标准＋更新"机制，对区内危险化学品摸底建档；开发了危险化学品"一企一品一码"数据驾驶舱，并在21家单位试点落地；创新"数据＋平台＋应用"模式，将"一企一品一码"与数字化治理、"一网统管"要求相结合。

现行的危险化学品"一书一签"唯一性和独特性弱，且无法反映流转环节信息。"一企一品一码"方案融合了国家统一的危险化学品安全信息码和企业商品码等不同信息。对同一追溯码，当公众用标准二维码识别工具扫描，展示"一书一签"内容，安全信息得到了快捷有效传递，降低了企业对自身产品的防伪成本，加强了企业对下游环节的控制能力。

浦东新区根据企业自身信息化建设情况，设计了三种企业追溯码赋码方案，即企业系统对接平台自动生成追溯码、企业系统对接平台输入危险化学品信息后生成追溯码、由平台生成追溯码下载后使用。这种灵活开放模式不仅避免了资源浪费，还可帮助企业完善数字化管理模式，提高危险化学品企业的安全管理水平。

浦东新区应急局通过大数据风险研判，加大对第三方仓库的监督力度，为上游委托企业的经营风险控制提供保障；协同交通部门推动数据互通、流程合并，减少重复填报；融合危险化学品使用单位登录报送系统，通过扫码自动报送，便捷企业操作；与海关试点建立进口危险化学品快速通关模式，推进危险化学品进口企业海外贴码。

2023年12月19日，"一企一品一码"平台系统试点运行，截至2024年7月，区内试点企业已激活追溯码3090个，完成追溯闭环131个。2024年，该系统进入全面推广与应用阶段，重点落实推进危险化学品生产、进口源头赋码和各环节扫码工作，并不断丰富和完善数据驾驶舱监管应用场景，以加强在危化全环节系统的运用。

综上，面对当今规模化发展的城市以及可能发生的各种"黑天鹅""灰犀牛"风险冲击，加强各类城市尤其是超大城市的韧性建设，着力提升应对风险综合体的免疫力、抵御力、适应力、恢复力，维持城市动态安全与可持续发展，成为全球各大城市政府追求的共同治理目标。聚焦上海超大城市运行中的安全堵点、难点和痛点，充分发挥党的组织优势、制度创新优势和数字化转型优势，加快建设更高质量的韧性安全城市，是下一步上海实现中国特色超大城市治理现代化的一项核心任务，对加快建成具有世界影响力的社会主义现代化国际大都市具有十分重大的现实意义。

第六章

法治思维：依托规则之治推动大城善治

习近平总书记强调："全面贯彻依法治国基本方略，依法规划、建设、治理城市。要坚持依法治国、依法执政、依法行政共同推进，坚持法治国家、法治政府、法治社会一体建设，促进城市治理体系和治理能力现代化。"[1] 上海积极学习贯彻习近平总书记重要讲话精神，充分认识法治思维在城市治理过程中的重要性，在承接中央重大发展战略并结合上海自身特色谋求城市发展的过程中，充分发挥法治的行稳致远作用。在这一过程中，上海逐渐形成了一些具有可推广、可借鉴意义的品牌性做法，如突出人民主体地位的基层立法联系点制度、以法治引领"移风易俗"的生活垃圾改革、兼顾"温度"和"力度"的轻微违法清单以及践行新时代"枫桥经验"的三所联动制度等。在现有工作基础上，上海将继续努力成为中国特色社会主义法治建设的先行者，在依法治市过程中持续全面贯彻人民城市重要理念，同时，在对外开放过程中打造涉外法治的新标杆，不断打造"国内领先、国际一流"的法治品牌。

一、推进城市治理法治化的深层动因及上海的实践

（一）城市治理法治化的重要性

城市治理应当突出安全性、人文性、宜居性、可视性、开放性、

---

[1]《习近平关于城市工作论述摘编》，中央文献出版社 2023 年版，第 84—85 页。

包容性、智慧性、可持续性等特性。[1] 作为回应，法治在城市治理过程中的重要意义在于：

第一，法治在城市治理中践行社会主义价值理念。法律作为社会发展的上层建筑之一，其必然会带有诸多价值判断。"法律只有在涉及价值的立场框架中才可能被理解。"[2] 具体到我国城市治理中，法治所要呈现的就是"人民城市"的价值理念。2019 年 11 月，习近平总书记在上海考察时提出了"人民城市人民建、人民城市为人民"的重要理念，"无论是城市规划还是城市建设，无论是新城区建设还是老城区改造，都要坚持以人民为中心，聚焦人民群众的需求，合理安排生产、生活、生态空间"，"努力创造宜业、宜居、宜乐、宜游的良好环境"。[3] 这些价值理念在城市相关治理领域的法律规范中得到体现。在法治运行过程中，相关的价值理念在城市治理中也得到体现。

第二，法治在城市治理中可以凝聚最大的民意。在超大城市中，由于其高度的开放性，城市居民的组成也较为复杂，其语言、生活习惯、文化风俗等都存在着巨大的差异，利益诉求也会千差万别。法律可以兼顾到了各方利益，起到"最大公约数"的作用：首先，立法者的组成要保证各个团体的利益诉求能够得到表达；其次，立法过程中要让各个代表能够充分表达意见，同时也尽可能地用各种方式向社会公开征求意见；最后，多数决的表决方式能够保证社会群体中多数人的利益得到保障。由于法律只是确保各方基本利益得到满足，并不过度介入，个人和团体在法律的框架范围内还有足够的空间实现自己的利益诉求。因而，借助于法律的治理，城市治理既保证了基本的生活

---

[1] 刘新社：《城市治理要突出"八性"》，《西安日报》2019 年 10 月 14 日。

[2] ［德］古斯塔夫·拉德布鲁赫：《法哲学》，王朴译，法律出版社 2013 年版，第 5 页。

[3] 《习近平关于城市工作论述摘编》，中央文献出版社 2023 年版，第 37 页。

秩序，同时也能够保证个性化的利益诉求得以实现，兼顾了城市发展的统一性和多样性。

第三，法治能够促进城市治理的精细化水平。法治不仅关注宏大的叙事，而且更加重视每一个具体案件的处理，即"努力让人民群众在每一个司法案件中感受到公平正义"。从功能上讲，法治对于城市治理的精细化有着天然的裨益：一方面，法律在制定的过程中已经广泛征集了民意，为各个社会主体的行为划定了界限。一旦法律表决通过，所有社会主体都必须遵循法律的规定。城市管理者就无须重复纠缠相关问题，可以在法律确定的框架内具体而细致地处理相关事务。另一方面，我们国家的法律规范体系呈现出的是多层级多类型的特征：以宪法、法律为主要框架，以行政法规、地方性法规、自治条例、部委规章、地方政府规章以及其他规范性文件为主要载体。这种由上而下不断递进的规范体系，便于一线操作上的规范统一，也能提升精确化和精准化水平。

第四，法治能够给城市的发展提供坚实的保障。在城市的实际运行过程中，管理者不仅需要处理日常事务，还需要推动城市的发展和变革。而城市的发展和变革不可避免地会对既有的利益格局产生影响。如果城市管理者不能妥善解决因发展产生的权益冲突，那么这些冲突很有可能会造成激烈的群体对抗，甚至对城市的发展产生负面影响。在这一过程中，法治能够对城市的发展起到保驾护航的作用：首先，城市管理者可以通过立法、公听会、公开征求意见等多种举措向城市居民征求关于城市发展的意见，对于发展的方向和内容形成共识，从而能事先尽可能避免利益上的冲突。其次，在发展过程中，法治通过对公民合法权益保护的不断强调，以及各种预防性法律制度的设计，使城市发展可能产生的对公民合法权益造成的不利影响降到最低程度。再次，"有权利必有救济"。在城市发展过程中，虽然有种种预防举措，但仍不可避免会出现合法权益受到侵犯的情形。此时就需要对这些权益受损的当事人给予及时的救济，否则就会产生矛盾。这些矛盾如果得不到及时化解，进而就会产生集体性事件或者突发性事件，对城市的发展会起到负面的制约作用。通过法治中公平公正的纠纷解决机制化解城市运行中产生的这些矛盾，对城市发展的行稳致远起到重要的保障性作用。

（二）上海坚持在法治轨道上推进城市治理

上海作为超大城市，在法治的轨道上不断推进城市治理的各项改革创新。根据 2024 年发布的《2023 年法治政府建设工作报告》，上海主要在以下一些方面做了深入的探索：[1]

1. 促进国家战略和上海发展的法治保障

为了服务保障浦东新区高水平改革开放，上海深入总结浦东新区法规创制性立法经验，制定关于完善市政府提交议案的浦东新区法规立法工作机制的意见，用好浦东新区立法权，更好助力制度型开放。此外，为了服务保障临港新片区建设，积极指导、准予韩国大韩商事仲裁院成功在临港设置上海中心，标志着上海在临港新片区实施的全国首个仲裁业务对外开放政策实现"零"的突破。

同时，上海持续深化长三角一体化法治协作。会同苏浙皖三省共同签署实施有关建立中国式现代化长三角一体化发展法治保障共同体的工作方案和年度合作重点项目。推进区域协同立法，推动《上海市促进长三角生态绿色一体化发展示范区高质量发展条例（草案）》起草、审议工作，固化深化示范区成立以来的制度创新成果。推进苏浙

---

[1]《2023 年上海市法治政府建设情况报告》，载上海市人民政府网，2024 年 12 月 2 日。

皖三省执法标准统一，进一步加强四地司法鉴定管理，深入发挥破产管理人协会作用。推动虹桥国际中央法务区（一期）的建设实施，积极宣介有关支持打造虹桥国际中央法务区的政策意见、虹桥国际中央法务区发展政策申报指南等支持措施，加快提升法务区影响力。

此外，上海还继续做好进博会法律服务保障。制定第六届中国国际进口博览会法律服务保障实施方案，围绕"一站式"专业法律服务、"全链条"知识产权保护、"多元化"纠纷解决机制、"全方位"营商政策宣传四个重点工作方面提出具体任务举措。设立"涉外法律服务中心""进博会调解中心"，整合多领域法律服务专业力量，组建104人进博会法律服务志愿团，首次遴选12名虹桥国际商务区内执业律师，为有意向落地的展客商定向提供精准法律服务。

除了上述重大战略任务的法治保障外，上海还持续加强法治化营商环境建设。在推动全市优化法治化营商环境建设方面：推动修改《上海市优化营商环境条例》并公布，持续营造市场化、法治化、国际化一流营商环境；推动修改《上海市推进国际贸易中心建设条例》并公布，加快建设贸易强国，强化国际贸易中心建设；组织制定《上海市实施〈防范和处置非法集资条例〉办法（草案）》，从源头上遏制非法集资高发蔓延势头和消解非法集资苗头性问题；组织制定《上海市税费征收服务和保障办法（草案）》，为持续提供精细化税费服务，提升纳税人缴费人获得感加强法治保障。出台本市涉企行政检查试点推行"检查码"实施方案，进一步规范涉企行政检查。创新推行经营主体以一份专用信用报告替代23个执法领域有无违法记录证明，在国内率先上线"合规一码通"服务，至2023年底，共出具专用信用报告16297份，可替代证明超28万份。优化证明事项告知承诺制工作机制，累计超40.2万件行政事项采用告知承诺方式办理，减少市民、企业开证明 80 万余次。指导市经济信息化、人力资源和社会保障、水务、财政、卫生健康、市场监管等部门推出 17 份轻微违法行为依法不予行政处罚清单；全市已出台覆盖 26 个执法领域的清单 35 份，累计 61.8 万余家企业受益，减免罚款金额约 8.76 亿元。

2. 增加依法行政工作的制度供给

上海市通过这些年的努力，政府立法质效稳步提升。2023 年，推动出台 7 部地方立法、1 部政府规章，修订 2 部政府规章，进一步加强各领域立法供给。出台实施市政府年度立法工作计划，提请市人大及其常委会审议地方性法规议案 15 件，提请市政府立、改、废市政府规章 40 件。配合市人大常委会编制五年立法规划。不断优化市政府基层立法联系点工作，2023 年全年共 59 件次法规规章项目征求联系点意见，收到 965 条反馈意见，采纳或部分采纳 90 条。

在法律施行保障层面，上海还不断加强行政执法和执法监督规范化、制度化建设。制定出台贯彻落实国务院办公厅提升行政执法质量三年行动计划实施方案。组织实施《上海市行政执法监督办法》《上海市行政处罚听证程序规定》《上海市行政执法证管理办法》3 部规章。推进落实行政执法公示、法制审核质量提升、综合执法系统应用、行政执法突出问题梳理、年度执法案卷评查等行政执法"三项制度"重点工作。评选发布 2022 年度行政执法"十大案例"和 90 件"指导案例"。制定出台本市进一步规范行政裁量权基准制定和管理工作的意见。

3. 提升严格规范公正文明执法水平

近年来，上海市各级部门在依法治市委员会领导下，大力配合，持续完善行政执法权下沉街镇工作。市司法局指导本市城管执法、应急管理、生态环境、卫生健康部门围绕第二批下沉行政执法事项，联合出台本市街镇综合行政执法行政处罚裁量基准。加强重点领域执法指导，会同本市城管执法、生态环境、水务部门联合制发街镇餐饮油烟污染防治执法检查工作指引（试行）和街镇河道执法检查工作指引（试行），并推动市安全生产委员会办公室制发街镇安全生产检查工作指引（工贸篇2023年版）。健全完善基层行政执法考核评议制度，与本市城管执法部门联合开展街镇综合行政执法的依法行政指数评估工作。

为了健全行政裁量权基准工作制度，上海全面开展本市行政许可、检查、强制、处罚、征收征用、确认、给付7类行政行为的分类调研，并起草本市规范行政裁量权基准制定和管理工作的指导意见，对7类行政行为行政裁量权基准的制定、管理建立系统制度，并对裁量痛点难点问题提出针对性措施。

在法治工作的智能化方面，上海市深入推进本市统一综合执法系统建设运用。拓展综合执法系统功能，推进行政执法裁量基准库建设，嵌入行政执法听证程序，推进综合执法系统与"信用上海"互联互通。完善综合执法系统执法监督分析功能，实现对各使用部门的执法监督。截至2023年底，上海市40家市级执法单位已上线运行，梳理执法事项3300余个，细分执法案由1万余个，上线案件办理量累计56万余件。

4. 推动行政争议以及民事纠纷的有效化解

围绕《中华人民共和国行政复议法》的修订和施行，上海不断完善行政复议工作体制机制。制定建立行政复议听证程序工作规则的意见、加强行政复议案前调解工作的意见、重点领域行政复议案件办理工作指引等制度规定，不断提升办案规范化水平。加大行政复议建议（意见）书制发力度，将落实情况纳入法治政府建设考核。持续推进"开门复议"，全面开通网上申请渠道，打造"上海复议"微信小程序，实现行政复议基层服务点街镇全覆盖。2023 年，市、区政府共收到行政复议申请 26751 件（其中网上渠道申请数量占比达 51%），同比增长 120%；共依法受理 16887 件，审结 16836 件（含结转）；立案前调解和立案后调解占比分别达到 26.8% 和 32.4%；审结案件纠错率 2.8%，实质性化解率 92.9%，有效发挥行政复议化解行政争议的主渠道作用。

根据《行政诉讼法》的规定，上海还持续做好行政机关负责人出庭、旁听、讲评"三合一"工作。对 2022 年负责人出庭率较低的三个行政机关制发行政应诉工作建议书。2023 年全市行政机关负责人出庭率为 94.57%（含区司法局负责人代区政府出庭案件），保持较高水平。各区均通过组织学生进法庭或在大学校园开设法庭等方式开展"三合一"进高校活动，已覆盖本市 19 所院校，并通过网络直播形式扩大高校学生参与面。

在基层法治建设领域，上海市坚持和发展新时代"枫桥经验"，做好矛盾纠纷排查化解专项工作，创造性发明了"三所联动"机制。与公安机关联合出台深化"三所联动"矛盾纠纷多元化解机制建设的实施意见，全面推广公安派出所、司法所、律师事务所"三所联动"机制。本市解纷"一件事"平台新接入 10 家市级单位及民商事仲裁机构，2023 年共收到在线申请 21280 件，受理 16887 件，化解 16079 件，化解率达 95.1%。全市人民调解组织共受理纠纷 46.5 万件，调解成功 40.1 万件。推动解纷资源下沉，建立街镇非诉讼争议解决（分）中心，各级非诉讼争议解决中心共收案 19.7 万件，其中法院推送 17.2 万件、个人在线申请 2.5 万件，调解成功 4.9 万件。

5. 构建全民守法的法治社会新局面

为了方便群众，上海近些年不断提高公共法律服务供给水平。

12348 公共法律服务平台 2023 年服务群众 92.5 万人次。推动优质法律服务资源向郊区延伸布局，实施市级公共法律服务事项下沉，提高公共法律服务便利性、可及性。评选表彰"东方大律师"，引导广大律师在城市更新和治理、矛盾纠纷化解等领域更好发挥专业作用。研发推广公证"办件码"功能，大幅提升公证网办率。修改公布《上海市司法鉴定收费管理办法》，进一步规范行业收费。成功举办第五届上海国际仲裁高峰论坛及 2023 年上海仲裁周活动，持续打响上海仲裁品牌。推行法律援助受援人公证、司法鉴定费用减免"免申即享"，全年办理法律援助案件 50233 件，同比增长 44.71%。

为了推动"八五"普法规划有效实施，上海制定本市守法普法示范区创建指标体系（试行），积极争创"全国守法普法示范市（县、区）"。组织开展国家宪法日暨上海市宪法宣传周活动，举办"美好生活·民法典相伴"主题月活动。推进"实践基地培育行动""法治民意直通行动""法治文化涵养行动""法治素养测评行动"四大重点行动，推出全国首个针对社区居民的公民法治素养测评指标体系，大力提升公民法治观念。

二、上海在法治的轨道上促进城市治理的特色做法和经验

上海在法治的轨道上促进城市治理的发展中，产生了许多具有品牌效应的法治经验和做法。例如，2024 年 2 月 5 日，经过评选，推出了首批 15 个"法治上海建设品牌"和 15 个"法治上海建设入围品牌"。这些品牌和做法涵盖了立法、执法、司法和普法等方方面面，既是习近平法治思想和中央诸多部署在上海的具体呈现，同时也是上海基于自身城市发展的特征做出的探索，很多在全国也具有首创

性。在这些典型做法中，上海以人民为中心、以依法办事为内容、以"情、理、法"结合为特征、以和谐共治为目标。

（一）以人民为中心体现法治工作的人民属性

以人民为中心是习近平法治思想的核心要义之一。最能直接体现法治工作人民性的就是立法工作。立法是汇集民意、表达民意的工作。因此，上海在实践中积极探索"立法直通车"，[1]即构建基层立法联系点，作为生动践行人民城市重要理念的制度探索。

现代社会生活中，困扰立法者的一个问题就是无法搜集到足够多的有效的群众意见。这样就会出现立法并不能真实反映民众真实诉求，甚至可能伤害公众利益的情况。上海采取基层立法联系点这种形式就是为了克服社会发展中可能出现的这一问题，尽可能体现更多群众的真实声音。

首先，基层立法联系点改被动听取群众意见为主动征询意见。基层立法联系点将工作直插基层，从"期待人民群众主动"到"主动问计于民"，逐步激发人民群众参政议政的热情，从而在立法中最大限度地体现人民性。例如，虹桥街道立法联系点通过事前广泛动员、深入普及相关法律知识，事中搭起平台、让基层意见充分汇集，事后及时反馈，形成民主决策全链条、全流程的闭环。居民在立法意见征询会总是各抒己见，从街道居民到专业律师，从物业从业人员到基层法官，来自各个岗位的信息员围坐在一起参与讨论，提交建议。截至2024年6月30日，虹桥街道基层立法联系点已累计征询了95部法律、上报建议3181条，272条被采纳。

其次，基层立法联系点制度化保证了人民群众多渠道发表意见。

---

[1] 郭敬丹：《上海基层立法联系点开启民意"直通车"》，载全国人民代表大会网，2024年12月3日。

传统立法过程中征求群众的意见，一般采取座谈会、公开征求意见、人民来信来访等途径。然而，伴随着新媒体时代的到来，人们日常生活中表达问题的途径也日趋多元。人们更多地倾向于通过新媒体手段表达自己的意见。基层立法联系点既保留了传统征求公众意见的模式，同时又发展了新的表达意见的模式，例如，在普陀区曹杨新村街道基层立法联系点，一块互动大屏幕上滚动显示多种信息。这块屏幕连着街道创设的"立法直通车"小程序，可以展示法律法规，实现线上立法征询，并收集居民通过微信小程序提出的建议。立法联系点希望充分利用信息化网络手段，让更多的人来关注，让越来越多的人发表意见和建议。

再次，基层立法联系点还给人大代表履职提供了有效的新途径。我们国家人民代表大会制度并不采取"专职代表"的设计。这种制度设计安排，虽然能够避免代表脱离劳动，继而脱离群众，但是也因为有本职工作，可分配给履行代表职责的时间精力有限。因此，必须要在有限的时间内最大程度地实现人大代表与人民群众之间的意见交流。而基层立法联系点这一制度将"问计于民"进行制度化运作，能够为人大代表提供一个高效的沟通渠道。

此外，基层立法联系点的能量不仅在于广泛收集民意，还在于能进行双向"转化"——既把法律专业术语转换成老百姓的语言，又把听到的百姓心声转化成"法言法语"和"法治思维"，使其融入百姓生活。

（二）以规则为指引推动城市治理工作

党的二十届三中全会提出"在法治轨道上深化改革、推进中国式现代化"。这首先就是要城市治理者在促进城市发展过程中必须坚持依法办事。"以至详之法晓天下，使天下明知其所避。"

　　垃圾处理是现代城市发展中的一大重要难题。城市居民更是深受其扰。上海的垃圾分类工作的推进便是将城市治理在法治轨道上推进的典型示范，通过立法、普法和监督的无缝衔接，使全社会对法的关注、理解和参与都达到了前所未有的高度，这是社会管理立法和城市精细化管理的一次有效实践，也是良法促善治的一次生动实践。[1]

　　第一步，通过立法对生活垃圾分类处理工作进行顶层设计。由于现代社会的复杂性，人类在生产生活中会产生大量的垃圾。这些垃圾可以根据不同的标准分为诸多类型，例如，根据是否可以回收利用可以分为可回收垃圾和不可回收垃圾；根据对环境的危害程度，可以分为有害垃圾和无害垃圾；等等。每一种类型的垃圾都有自己的处理规范。因此，对生活垃圾要有效地开展管理，首先就是要科学地划分生活垃圾的种类，继而针对不同种类设置基本的处置流程。上海市人大在制定《上海市生活垃圾管理条例》的过程中，一方面，充分吸取市容绿化管理专业部门和专家的意见，体现立法的科学性；另外一方面，通过各种方式全面征求公众的意见，体现立法的民主性。上海市人大常委会连续在 2017 年、2018 年将生活垃圾分类管理作为市、区两级人大代表下社区活动的主题，听取市民意见近 2 万人次，并发放 3 万余份调查问卷、3 次征求全体市人大代表对条例草案的意见，共有 270 多位人大代表提出 380 多条意见建议，其中 50 多条被采纳。上海市人大先后组织 150 多位市人大代表参加立法实地调研和代表论坛。市人大还组织了近 10 次意见征询讨论、汇集 26000 余份社会各界意见。相关立法工作既体现立法的前瞻性、引领性，又努力使每一项制度设计接地气、可操作，兼顾了科学性和民主性，为法规 98.08%

---

[1]　刘晓星：《法治，上海垃圾分类"利器"！》，载澎湃网，2024 年 12 月 5 日。

高票通过奠定了坚实基础。

第二步，通过普法工作在理念层面向居民强化正确的垃圾分类理念。《中共中央关于全面推进依法治国若干重大问题的决定》中指出："法律的权威源自人民的内心拥护和真诚信仰。"《上海市生活垃圾管理条例》要能够成为上海全体市民自觉遵守的行为规范，除了公权力的强制力保障实施之外，市民的自觉认同和执行是必不可少的。同时，这个条例是要对人们日常生活习惯做出重大调整的。因此，相关法律规定的普法工作就显得十分重要。上海不仅通过传统的宣传途径告知相关法律规定，而且还注重利用新媒体辅助公众认识和了解垃圾分类工作，如开发垃圾分类小程序，辅助公众准确认识垃圾的分类。通过全方位的立体宣传工作，使公众在最短的时间内熟悉了生活垃圾的分类，形成了垃圾分类的意识。

第三步，通过严格执法逐步塑造居民的行为习惯。与一般社会规则不同的是，法律是由国家制定公布，并由国家强制力作为保障实施的，因此，法律一旦公布施行就需要得到贯彻执行。《上海市生活垃圾管理条例》在实施的过程中，一方面强化正规的执法，即通过城市管理执法队伍行政检查、行政处罚来落实法律中的各项规定，另一方面通过基层自治，借助网格员、社区工作人员、志愿者的力量敦促居民按照相关规定进行生活垃圾分类，反复提醒，从而形成良好的分类习惯。

第四步，通过执法后评估工作，形成"执行—评估—改进"的闭环。法律的实施过程不可避免地会出现这样或者那样的问题，因此，我们需要及时对法律的实施情况进行评估，从而对不符合实践情况的法律条文进行修改或者废止。上海在全面依法推进垃圾分类的过程中，不断加强法律执行情况的督察，发现并处理影响垃圾分类效果的问题。据不完全统计，2019 年，上海约有 13000 人次各级人大代表通过各种形式参与了专项监督。2023 年，上海提出打造生活垃圾分类升级版，推动生活垃圾分类向更加精准、精细、绿色低碳转变。[1]《上海市持续优化生活垃圾全程分类体系工作方案》主要针对分类实效、源头减量、资源化利用等方面的薄弱环节对相关工作制定了一系列的强化举措，以期达到最好的法律实施效果。

（三）融合"情、理、法"实现良法善治

近年来，有一类行政执法频频引发争议，即"小案重罚"，这些案件的共同特点在于涉案金额相对较少，被处罚的多数为小业主，经济承受能力有限，社会公众对于这类处罚的公正性、合理性提出了强烈的质疑。上海于 2019 年在全国首创省级轻微违法不罚的清单，是我国行政法治实践中一次具有开创性意义的本土实践，是"力度"和"温度"的很好结合。这一举措被称为是"有温度的执法"的改革举措，直击企业关切，解决企业痛点，为经营主体发展壮大营造了更加宽松、包容的环境。[2]这一制度对我国政府法治建设具有重要意义。

首先，法治工作应当充分考虑执法的社会效果。有观点认为，遵守法律就是必须严格从字面意义上机械地去遵循法律的各项规定。这种走向极致的观点会出现问题，即执法者只纯粹从法律上考虑问题，而不兼顾其法律行为可能会产生的社会后果。这样就会产生"合法不合理"的矛盾。当代法治理念要求法律的施行必须能够符合社会共同体"善"的需求。上海的轻微违法不处罚清单的出台，一方面是对《中华人民共和国行政处罚法》以及相关法律的细化，给一线执法人员以较为可靠的执法依据，满足了形式法治的需求，另一方面，清

---

[1] 董雪：《上海打造生活垃圾分类升级版》，《新华每日电讯》2023 年 11 月 17 日。

[2] 王海燕、刘雪妍：《这是对"包容审慎"的最好诠释》，《解放日报》2023 年 8 月 5 日。

单内容的设置上已经考虑到了现实中的问题，如情节比较轻微、主观无过错、首次违法等。这样也能兼顾到具体案件中的个别性、差异性情况。以此执法，执法的结果相对而言更加贴合当事人的现实情况，情、理、法三者在执法过程中得到了有机的融合。

其次，法治工作还应当在个案中贯彻以人民为中心的法治观。在法律具体落地的时候，个体的情况千差万别。这时候就需要执法者根据个体的情况来理解和适用相关法律规定。这才是以人民为中心的执法理念。紧扣法条本身，忽视个人切实的需求，则是脱离实际，犯了教条主义的错误。因此，上海出台轻微违法不处罚的清单，也是提醒执法者在执法活动中，必须将法律规定与具体的案情紧密结合，提升理解和适用法律的能力，让人民群众在每一个案件的处理中都能体会到公平正义，从而在个案的积累中提升政府的形象。

再次，法治工作应当体现系统性思维。立法要兼顾基本的国情、各群体的利益诉求以及立法的稳定性。因此，立法中一直奉行"宜粗不宜细"的原则，这给予执法者很大的自由判断空间。然而，执法者有了自由判断的权力之后，却出现了一些问题：有的执法者滥用裁量权，甚至产生贪腐行为；有的执法者由于害怕后续的责任追究，选择机械地执行法律中的规定，也就产生了"小案重罚"的现象。此时，立法者和执法者都认为对方工作出了问题。究其问题根本，是我们现有的一些工作系统性还有所欠缺。党的二十大报告中强调，我们工作必须坚持系统思维。法治工作作为重点工作，离不开立法、执法、司法以及普法等各个环节的密切协作。"合法不合理""小案重罚"这些现象的出现，其实就是立法者和一线执法者之间缺少有效的连通。上海市司法局联合相关市级主管部门协商制定轻微违法不处罚清单，就是填补了从立法到一线执法之间的过渡环节，从而使法治工作的系统性和整体性进一步得到了加强。

（四）践行"枫桥经验"，实现和谐共治的社会环境

"枫桥经验"是我们党领导人民开展基层治理过程中形成的经验做法，及时化解可能出现的矛盾冲突。习近平总书记强调："各级党委和政府要充分认识'枫桥经验'的重大意义，发扬优良作风，适应时代要求，创新群众工作方法，善于运用法治思维和法治方式解决涉及群众切身利益的矛盾和问题，把'枫桥经验'坚持好、发展好，把党的群众路线坚持好、贯彻好。"[1]新时代如何落实"枫桥经验"成为各地探索的重点课题。上海在这一问题上提出了"派出所、司法所、律所"为基础的"三所联动"制度，积极贯彻落实习近平总书记的重要指示，努力实现基层社会的和谐共治。[2]

"三所联动"贴合我国现代城市生活中化解矛盾的现实需要。首先考虑到了中国人对于矛盾化解的传统态度。中国传统是追求"以和为贵"，尽量化解矛盾，避免矛盾的扩大和升级，维持社会的一种和谐状态。"三所联动"制度尽可能避免矛盾升级，能够实现案结事了。同时，"三所联动"也能够满足现代社会，尤其是城市生活中，人们对高效、便捷、经济化解纠纷的需求。现代诉讼制度时间长，时间成本较高，加上可能因此产生的律师费、误工费、交通费，导致人们往往对诉讼解决望而却步。仲裁制度虽然程序相对灵活，然而收费相对较高，主要服务于商事领域。城市生活节奏快，人们一般不愿意在不是很重要的矛盾上消耗太多精力，急切需求程序简化、时间简短、经济合理的纠纷解决方式。"三所联动"主持下的调解既有传统调解的

---

［1］《习近平关于基层治理论述摘编》，中央文献出版社 2023 年版，第 83 页。

［2］ 邬林桦：《绘就新时代"枫桥经验"都市样本——"三所联动"机制在上海全面深化推广　累计排查化解各类矛盾纠纷 61 万余起》，《解放日报》2023 年 10 月 26 日。

灵活性，同时也有专业的法律人员介入。根据需要，"三所联动"还可以引入其他部门或者机构介入调解，能够随时随地开展调解工作，可以灵活满足人们对于现代社会矛盾化解的需求。据统计，截至2023年10月，上海经"三所联动"调解后由检察院认定并作出不起诉决定的案件已有330余起，共有1.32万余份调解协议获司法确认。

"三所联动"能够发挥不同主体的角色优势，调动各方积极性。上海的"三所联动"中最为基础的是派出所、司法所和律师事务所三家。这三家组合各司其长，能够有针对性地化解可能存在的矛盾。派出所往往是调解活动的牵头人。近些年，因为一些琐碎的民事矛盾上升到严重刑事案件的事件时有发生。公安机关作为打击犯罪、维护社会治安的主要部门，牵头调解工作，也是对矛盾双方一种震慑，警示矛盾冲突各方不要试图将普通矛盾升级、扩大，起到稳定秩序的作用。司法所是基层的司法行政机关，负责基层法治工作，对于基层情况比较熟悉。尤其是司法所聘用的人民调解员，都是群众工作的专家，懂得如何从群众的视角去理解矛盾，并寻找出解决矛盾的途径。律师事务所，则代表了专业法律人士，能够在矛盾化解的过程中给冲突各方从专业角度提出专业意见，从而给各方提供一个可供谈判的基础。这三者的结合可以最大限度地实现矛盾在基层得到平稳、满意、有序的化解。此外，在完善推广"三所联动"过程中，上海公安逐步形成"发现受理、化解分流、跟踪回访、风险防控、源头治理"的全流程工作闭环。针对已经化解的矛盾纠纷，公安民警按照"30天回访机制"，1个月内至少回访一次；对婚恋、家庭等易"复燃"的矛盾纠纷以及调解过程中当事人存在扬言报复等情况的，将视情增加回访频次，监督调解协议履行情况，防止矛盾纠纷回潮反复。由此，"三所联动"

取得了令人瞩目的成效。据统计，2023 年以来，上海市公安局持续深化推广由公安牵头的派出所、司法所、律师事务所"三所联动"机制，累计排查化解各类矛盾纠纷 61 万余起，因矛盾激化引发的命案数下降 30.4%。

"三所联动"是一个开放的系统，具有无限发展的可能性。2023年，全市 16 个区的 353 个公安派出所均已建成"三所联动"纠纷调解室，并会同司法所协调街镇按需配备设施设备，统一建设标准。除了公安民警，已有 915 名人民调解员、766 名签约律师集中入驻。上海公安打造了集普法学习、法律咨询、预约调解等功能于一体的微信小程序。截至 2023 年 10 月，小程序共接受线上法律咨询 5.07 万余次，开展预约调解 1.18 万余批次。此外，上海市在"三所联动"的基础上，更进一步提出了"3+N"的升级版本。这代表了"三所联动"调解、化解矛盾能力的进一步提升。"三所联动"现在已经不局限于社区内邻里矛盾的化解，而是进一步赋能，开始涉足一些专业领域内的法律。将其他业务主管部门或者专业机构引入参与调解，对"三所联动"进行赋能，从而将可调解的事项范围进行了扩大。"三所联动"制度在上海这座超大城市的基层治理中能够发挥越来越大的作用，帮助各类人群化解矛盾，实现案结事了。

三、上海城市治理法治化的未来发展方向

党的二十届三中全会制定了进一步全面深化改革总目标，"继续完善和发展中国特色社会主义制度，推进国家治理体系和治理能力现代化。到二〇三五年，全面建成高水平社会主义市场经济体制，中国特色社会主义制度更加完善，基本实现国家治理体系和治理能力现代

化，基本实现社会主义现代化，为到本世纪中叶全面建成社会主义现代化强国奠定坚实基础"。相应地，我们应该认识到法治建设也是一个长期而又艰巨的工作。

（一）上海要成为中国特色社会主义法治建设的先行者

上海是改革开放的排头兵和先行者，勇于尝试，为国家的改革开放事业贡献了诸多可复制、可推广的经验。2021年，中共中央、国务院发布《关于支持浦东新区高水平改革开放打造社会主义现代化建设引领区的意见》，进一步赋予浦东新区在改革开放过程中的突出地位：更高水平改革开放的开路先锋、自主创新发展的时代标杆、全球资源配置的功能高地、扩大国内需求的典范引领以及现代城市治理的示范样板。

我们国家的法治经历了从大量借鉴外国法治建设经验的阶段，到从我国的实际出发建设具有中国特色的社会主义法治的转变。然而，中国特色社会主义法治建设是一个不断发展的过程，在这一过程中，上海应当突显其在法治领域内的"先行"地位。2021年，在党中央、国务院明确浦东新区在改革开放中的突出地位后，全国人民代表大会常务委员会发布了《关于授权上海市人民代表大会及其常务委员会制定浦东新区法规的决定》，授权"上海市人民代表大会及其常务委员会根据浦东改革创新实践需要，遵循宪法规定以及法律和行政法规基本原则，制定浦东新区法规，在浦东新区实施"。这个授权一方面是为浦东新区的改革进行法治保障，另一方面也是期待上海通过浦东新区为中国特色社会主义法治道路积累更多可供全国复制、推广的法治经验。

（二）上海在依法治市过程中将持续全面贯彻人民城市重要理念

在立法领域，上海将继续抓住基层立法联系点这一工作抓手，不断拓宽联系点适用的范围和深度，积极向各方人士征求立法工作的意见，让人民群众在立法过程中有充分的参与，不断加强"城市主人翁"的意识，才会更好地去遵守、维护法治。同时，上海还将打破对立法工作的既有认知，继续探索"小、快、灵"、浦东新区法规以及其他的新型立法形式，使立法工作能够及时对社会新经济、新产业、新业态、新模式做出回应，做好制度供给。

在行政工作领域，在行政决策过程中，严格遵循重大行政决策的程序规定，尤其是要落实好公众参与制度。同时，上海还将利用好人民建议征集、12345 热线、"一网统管"、网格化管理等制度安排，提升政府治理的敏捷性，做到"民有所呼、我有所应，民有所呼、我有所为"。在行政执法过程中，除了持续加强执法的合法性、文明性之外，上海市司法行政部门还将与各个执法部门密切协作，不断维护轻微违法不处罚清单，力求每个执法案件都能体现"情、理、法"的要求，营造良好的营商环境和社会生活氛围。

在司法审判领域，党的十八大以来，上海先后承担了员额制改革、行政审判集中管辖、金融法院等重大改革事项，为全国性的司法审判制度改革提供了诸多宝贵经验。未来，上海除了继续承担中央赋予的重要司法改革试点任务之外，还将继续探索智慧司法、检察公益诉讼、跨区域司法协作等前沿课题。

在全民守法领域，上海将借助于立法、行政、司法以及社会组织等多个渠道、多个方式加强法治的宣传和教育，提供公益性法律服务，重点放在公职人员的法律意识和依法办事能力的提升上，对公众起到表率和引领作用。此外，上海将升级优化"三所联动"制度，增强基层调解工作的专业性和多样性，促成大调解格局的形成，高效化解基层中出现的矛盾，实现社会的和谐和稳定。

在法治监督领域，上海统合人大代表和政协委员监督、行政机关内部监督、司法监督、监察监督以及社会监督等各方面的监督力量，形成监督合力。其中，在监察监督工作中，上海要继续发挥"红色基因"、做好红色传承，加强党内法规建设，做好"三个区分开"的探索，在严守底线的同时，激发广大干部干事创业的积极性。

（三）上海在对外开放过程中将打造涉外法治的新标杆

第一，加强涉外法治人才的培养。根据司法部发布的数据，截至2024年9月，中国律师事务所已在37个国家和地区设立了207家分支机构，涉外律师有1.2万多人。[1] 涉外法律人才虽然相较于之前已经有所增长，但是与中国在世界经济中的地位相比较，仍然十分匮乏。上海坐拥华东政法大学和上海政法学院两座专业法律人才培养基地，同时还有复旦大学、上海交通大学、华东师范大学、同济大学等一系列重点高校，7所高校入选教育部、中央依法治国办"涉外法治人才协同培养创新基地（培育）"，3所高校入选国家法律硕士专业学位"涉外律师"与"国际仲裁"项目培养单位。上海在布局涉外法治人才培养方面具有先天的优势，要抢先一步，形成涉外法治人才的培养高地。

第二，在涉外法律机构上，上海要培育出一批能够提供涉外法律服务的法律机构，在国际社会上形成品牌效应。根据《2021年国际仲裁调查报告》，5个最受欢迎的仲裁地是伦敦、新加坡、香港、巴黎和日内瓦，最受青睐的5个仲裁机构是国际商会、新加坡国际仲裁中心、香港国际仲裁中心、伦敦国际仲裁中心和中国国际经济贸易仲裁委员会。[2] 世界知识产权组织仲裁与调解上海中心、韩国大韩商事仲

---

[1] 司法部：《截至目前中国有涉外律师1.2万多人》，载央广网，2024年12月16日。

[2] 《2021年国际仲裁调查报告》，载中国仲裁法学研究会网，2024年12月17日。

裁院上海中心先后获准登记，成为境内首家国际组织仲裁业务机构和外国仲裁业务机构，上海跻身全球十大最受欢迎国际仲裁地。然而，上海目前在涉外法律服务方面还缺乏具有国际竞争力的产品。上海在未来的法治建设中，要充分利用好自贸试验区和临港新片区的政策优惠，以国际性仲裁机构的引入为一个良好的开端，培育一批国际法律服务机构。

第三，要争取在国际规则的制定过程中发出声音。近些年来，中国在国际规则制定方面积极努力。例如，2023 年 9 月，《北京船舶司法出售公约》签约仪式在北京举行。这是海商领域首个以中国城市命名的联合国公约，反映出各国对中国在公约形成过程中发挥引领作用的高度认可，也是中国践行真正的多边主义的真实写照。[1] 上海作为中国对外开放的窗口，应当而且也必将在这一方面作出自己的贡献。

案例专栏 1：

半淞园路街道《住户守则》，以软法自治破解社区难题[2]

黄浦区半淞园路街道耀江花园居民区位于黄浦滨江，有 10 个小区、3116 户居民，实际居住人口近 7000 人。2017 年，耀江花园居民区强化党建引领，推进依法治理，以法律"公约化"方式首创"带牙齿"的社区"软法"——《住户守则》，着力破解小区治理难题。2018

---

[1] 韩佳诺、徐壮：《〈北京船舶司法出售公约〉在京签署》，载中央人民政府网，2024 年 12 月 17 日。

[2] 《上海市黄浦区半淞园路街道耀江花园居民区：法律"公约化" 软法"带牙齿"〈住户守则〉破解基层治理难题》，载共产党员网，2025 年 1 月 28 日。

年,《住户守则》荣获中国（上海）社会治理创新实践"最佳案例奖"。2022 年，耀江花园社区居民委员会被评为全国先进基层群众性自治组织。

1. 党建引领聚合力，协商共治强机制

耀江花园居民区坚持党的领导，多措并举，搭平台、建机制，将基层党组织的政治优势、组织优势转化为治理效能。一是理顺工作网络，建立"1+3"的住宅小区综合治理构架。"1"即居民区党总支牵头零距离家园理事会作为议事决策层面。"3"即党的工作小组、业委会主任联谊会、物业经理联谊会等平台，进一步强化了居民区党组织的综合统筹能力。二是组建业委会党的工作小组。按照"内生式"和"派驻式"两种模式建构，指导、帮助、监督业委会开展工作，发挥了《住户守则》智囊团、润滑剂、后援团的重要作用。三是健全居民区党组织兼职委员制度，推动社区民警、街道综合执法人员、业委会成员、物业工作者等支撑保障《住户守则》有效实施落地。四是打造先锋基地，以街道 3 个党建网格片区为单元，依托黄浦新苑、保屯、耀江花园 3 个零距离家园理事会实体阵地先行试点建立《住户守则》先锋基地。

2. 民主协商定规约，依法治理显实效

《住户守则》有效回应社区民众的现实诉求，全要素覆盖社区发展面临的现实问题，是"带着牙齿"的"居规民约"。《住户守则》全文共三章三十八条，每一条内容都有法律法规支撑。第一章总则，明确了制定的依据及适用范围；第二章分则，明确了"宠物饲养、房屋出租、车辆行驶与停放、小区通行、房屋装修、垃圾处理、物业管理

费、邻里关系"等八项内容。《住户守则》与时俱进、持续更新内容，2019 年 2.0 版结合垃圾分类新增条款，2021 年 3.0 版结合新颁布的《中华人民共和国民法典》，对守则内容进行了全面深度升级，增添房屋安全、机动车管理等热点内容。2023 年 7 月，制定推出《住户守则》4.0 版，持续加强社区"软法之治"。

3. 突出全过程人民民主，发挥民主协商优势

在党建引领下，耀江花园居民区党总支引导居民有序参与《住户守则》制定更新、流程出台、效果评议等全过程，形成居民全体认可也愿意共同遵守的具有较高普遍适用性的社区规范性文本。一是全过程信息公开，选择公告栏公示等传统方式与微信群、公众号发布等在线方式相结合，及时发布住户守则制定的全过程情况；二是全过程民主参与，通过座谈会、来信来访等传统方式或微信和公众号留言等在线方式，听取意见建议；三是全过程民主协商，运用"三会"等制度，让居民充分协商，达成最大公约数，形成共同价值追求；四是全过程民主监督，居民可以通过各种方式向居委会、业委会提出"住户守则"实施过程中的意见建议。

案例专栏 2：
浦东"立法试验田"推动形成新质生产力[1]

从瞄准"一业一证"改革为市场主体松绑，到优化揭榜挂帅新机

---

[1]《浦东"立法试验田"推动形成新质生产力》，载上海人民政府网，2025 年 1 月 28 日。

制；从加速文物艺术品流转，到探索融资租赁新模式……自 2021 年全国人大常委会作出《关于授权上海市人民代表大会及其常务委员会制定浦东新区法规的决定》以来，浦东新区法规、管理措施、地方性法规浦东专章分别达到 18 部、23 部和 2 部，浦东"立法试验田"改革效能得到充分释放，与浦东新区大胆试、大胆闯、自主改相适应的法治保障体系逐步完善，助力浦东新区在引领区建设的道路上行稳致远。

纵观这些法规，主题涵盖优化营商环境、推动产业升级、促进自主创新、发展绿色生态、深化城市治理五大板块，以问题为导向，聚焦浦东新区改革发展瓶颈问题，深化制度集成创新，力求将制度红利转化为经济社会效益，立法服务保障经济社会发展的目标基本实现。

企业通过"上海市企业登记在线"平台即可实现全程网办，设立与变更登记当天办结。"市场主体登记确认制"法规实施后，企业感受度大幅提升，有 96.43% 的受访对象认为该法规优化了营商环境。立法驱动营商环境不断优化，在"一业一证"法规施行后，效能同样明显，"耗时更短""需要提交的材料更简化""跑的次数更少"是"一业一证"改革带给企业最强烈的感受。

在深化产业创新方面，一个个新的增长点受到激发不断壮大。"化妆品产业创新"法规在创新研发、新模式新业态培育、绿色共享发展等方面提出的若干创制举措已形成引领成果，全国首张"现场个性化服务"化妆品生产许可证落地浦东，探索形成"修丽可案例"，目前，国家药监局已将此做法复制推广至北京、浙江、山东、广东等地。"生物医药"法规施行后，已成功吸引一批高能级企业在浦东选址入驻或加大投资。如罗氏制药在浦东设立大企业开放创新中心，勃林格殷格翰生物加大"远东计划"在浦东投资力度。

立法倡导的绿色理念，在低碳、可持续发展方面颇有成效。"生态环境保护"法规明确将碳达峰、碳中和纳入经济社会发展全局；"固体废物"法规旨在推进"无废城市"建设，实施后加速推动社会经济发展全面绿色转型。

1. 搭建"民声民愿"和"法言法语"转化平台

一系列浦东新区法规发布实施后，引领示范效应、改革牵引效应、创新带动效应充分彰显，为浦东引领区建设提供了强大的法治引擎，驱动改革发展模式进一步升级。

浦东新区法规的成效，首先体现在系统性地确立了以法治思维和法治方式推动浦东高水平改革开放的发展模式，而不仅仅局限在法规贯彻实施的效果本身。在制定实施浦东新区法规的过程中，浦东法治保障体系基本建立，完善了立法工作机制，法治保障合力不断凝聚。

最直观的体现是，每一部浦东新区法规的起草、审议和修改过程，都坚持"开门立法"，充分调动人民群众、市场主体、高校院所、专家智库等社会各方参与立法的积极性，形成了加强浦东法治保障的整体合力。浦东新区现有2家市人大基层立法联系点，并设立了23家区级基层立法联系点、3个高校立法研究基地、3个非驻会委员工作室，以及10个代表工作小组和1192个代表"家站点"，立法专家库成员已发展到40名。

基层立法联系点作为"民声民愿"和"法言法语"转化的平台，积极拓展需求和建议来源渠道，使立法多聚民智、更接地气。授权立法3年来，各立法联系点共提出立法需求项目96个，提供立法建议1131条，组织立法活动264次，培育形成了"金杨·百姓谭"、高行森兰法治彩虹桥、"潍坊五联工作法"等品牌。

2. 寻找立法与改革结合点，推动形成新质生产力

浦东新区以综合改革试点、自贸试验区高水平制度型开放等重大改革任务为牵引，站在新的起点上，努力回答好如何坚持科学立法、民主立法、依法立法，在法治轨道上进一步推动浦东更高水平改革开放的时代之问。

"关键是寻找立法与改革的最佳结合点，推动形成新质生产力。"赵开银表示，浦东新区人大将强化需求驱动，深入挖潜立法需求，不断充实立法项目储备。重点是挖好两个"富矿"：第一个"富矿"是围绕国家赋予的重大战略任务，从引领区文件、自贸试验区提升战略行动方案、浦东综合改革试点方案、功能引领"6G"计划等文件中找到立法与改革的最佳结合点，推动形成新质生产力。第二个"富矿"是围绕探索更高水平制度型开放这一命题，从世行最新 BEE 评估体系、CPTPP、DEPA 等国际高标准经贸规则中，找到内外循环的最佳连接点，推动形成发展新动能。

对此，浦东新区人大将充分调动平台资源，兼顾"自上而下点题"与"自下而上报题"，广泛征集高质量立法需求项目。比如，在 2024 年初市人代会上提出的浦东团议案"工业领域绿色再制造"立法需求，就是由金桥片区人大工委和沃尔沃建筑设备有限公司等 2 个基层立法联系点共同调研提出的，已被市人大列入 2024 年的立法计划调研项目。下一步，还将与浦东创投公司等立法联系点对接，进一步研究挖潜，力争提出更多高质量的立法需求。

借助高校立法研究基地的专业优势，围绕若干重点领域开展前瞻性、立法比对研究，是立法提质增效的另一有效途径。"今年（指 2024 年），我们将继续依托高校立法研究基地围绕离岸债券、再制造产业发展、船舶与船舶管理等领域开展比对研究，在此基础上挑选出

一批相对成熟的立法建议项目，为明年的立法计划做好项目储备。"赵开银说。

就在 2024 年 3 月 28 日，国新办举行的"推动高质量发展"系列主题新闻发布会上透露，上海将制定实施浦东放宽市场准入特别管理措施，年内再制定 6 部浦东新区法规——开垦"立法试验田"，浦东将继续在法治领域深耕探索，形成更多可复制、可推广的浦东经验。

第七章

技术赋能：支撑城市敏捷运行的数字治理

超大城市是中国式现代化实践的重要场域，承载着推进国家治理体系和治理能力现代化的时代使命。其中，上海作为改革开放排头兵和创新发展先行者，其城市治理水平不仅直接关系到上海自身的繁荣与进步，更在相当程度上影响着全国乃至全球对于现代化城市治理模式和标准的认知。随着数字时代的到来，超大城市治理在面临新的挑战的同时，更迎来了新的机遇。如何以技术赋能支撑城市敏捷运行、如何以数字化转型推进城市治理现代化，成为上海进一步探索超大城市治理新路的重要课题。

一、数字时代超大城市治理面临的机遇和挑战

习近平总书记指出："运用大数据、云计算、区块链、人工智能等前沿技术推动城市管理手段、管理模式、管理理念创新，从数字化到智能化再到智慧化，让城市更聪明一些、更智慧一些，是推动城市治理体系和治理能力现代化的必由之路，前景广阔。"[1] 由此可见，数字时代，我国超大城市治理已经提出新的重大命题，呼唤符合超大城市特征和需求的现代治理理论，实现超大城市治理的现代化转型。

---

[1]《习近平在浙江考察时强调：统筹推进疫情防控和经济社会发展工作　奋力实现今年经济社会发展目标任务》，《人民日报》2020 年 4 月 2 日。

（一）数字时代超大城市治理迎来新机遇

随着新一代数字技术的快速发展和广泛应用，城市治理的时代背景以及方式手段都发生了深刻变革。数字时代，城市治理不再仅仅依赖于传统的行政手段，而是更加注重技术赋能、数据驱动、智能决策。

1. 数字化为城市转型发展提供新动能

以人工智能、脑科学、芯片技术为主导的第四次工业革命正带领人类社会由信息化向智能化演进。上海自 2015 年提出建设具有全球影响力科技创新中心，锚定"全球科技创新的重要策源地、高端产业的引领地、创新人才的集聚地以及科技体制机制改革的先行区"战略目标，不断推进城市数字化、智能化转型。

一方面，上海以"高质量发展"为核心，着力发展新兴产业，持续推动产业升级，健全产业生态制度，全方位提升城市经济竞争力。通过新旧动能转换，实现经济发展形态高度多元化，平台经济、数字经济、绿色经济、夜间经济等多种创新经济形态共同发展。跨境电商、数字娱乐、在线教育、远程医疗等新兴业态的层出不穷，为人民群众提供优质便捷的消费选择，为建设数字经济强国提供强大引擎。

另一方面，上海凭借强大的科研实力、丰富的产业资源、开放的市场环境以及优越的人才储备，积极推动人工智能、大数据、云计算等新一代数字技术与传统产业的深度融合，推动城市治理、产业发展、公共服务等各个方面的数字化、智能化升级。例如，上海在智能交通、智能安防、智能制造等领域取得显著进展，不仅提高了城市运行效率，还极大地提升了居民的生活质量和幸福感。

2. 新技术为解决治理难题提供新工具

大数据、云计算、人工智能、物联网、区块链等数字技术的创新发展为解决长期以来困扰城市治理的复杂难题提供了前所未有的新工具。新技术的应用不仅提高了城市治理的效率和精度，还降低了治理成本和误差，为城市可持续发展提供有力支持。

大数据技术。大数据技术涉及对数据采集、数据处理与集成、数据分析、数据解释等流程，[1]使得立足于微观个体行为特征的捕捉得以实现，为精确把握城市治理中复杂的人际交互和数据连接提供了有力支撑。[2]对城市治理而言，大数据通过收集和分析城市运行中的海量数据，为城市治理提供科学依据和决策支持。例如，在交通管理中，大数据可以分析交通流量、拥堵情况、交通事故等数据，为优化交通信号灯控制、规划公交线路、缓解交通拥堵等提供决策依据。

云计算技术。云计算是分布式计算、并行处理和网格计算的进一步发展，能够向各种互联网应用提供硬件服务、基础架构服务、平台服务、软件服务、存储服务的系统。[3]凭借强大的数据存储和处理能力，云计算使城市治理中的大量数据可以高效、安全地存储和共享，并根据需求动态调整资源，满足城市治理中不同场景的需求。例如，在城市安全监控中，云计算可以支持大规模的视频数据存储和实时分析，帮助政府及时发现并处理安全隐患。

人工智能技术。作为一种"分析人类使用的知识和判断力并用之于电脑上的技术"，[4]人工智能通过机器学习、自然语言处理等技术，

[1] 刘智慧、张泉灵：《大数据技术研究综述》，《浙江大学学报》（工学版）2014年第6期。

[2] 锁利铭、冯小东：《数据驱动的城市精细化治理：特征、要素与系统耦合》，《公共管理学报》2018年第4期。

[3] 张建勋、古志民、郑超：《云计算研究进展综述》，《计算机应用研究》2010年第2期。

[4] 《关于人工智能的定义和发展》，《软科学》1989年第3期。

可以对城市治理中的复杂问题进行智能分析和决策，从而提高治理的精准度和效率。[1] 例如，城市管理中，人工智能可以通过智能视频分析系统自动识别违规行为，如乱停车、占道经营等，提高城市管理效率。

物联网技术。物联网技术简单来说就是通过各种传感设备将所有物品与网络连接起来，使系统可以自动、实时地对物体进行识别、定位、追踪、监控并触发相应事件。[2] 通过连接城市中的各种设备和传感器，物联网能够实现对城市运行状态的实时监测和智能控制，及时发现并处理潜在问题。例如，在智能交通中，物联网可以通过连接交通信号灯、车辆、行人等，实现交通流量的智能调度和优化，缓解交通拥堵问题。

区块链技术。区块链是一个建立在点对点传输、共识机制、加密算法和智能合约之上的分布式信息基础设施或开放的分布式数据库，具有去中心化、网络健壮、灵活性、安全可信等特点。[3] 凭借这些特点，区块链能够为城市治理中的数据安全、信任问题等提供解决方案。例如，在城市公共服务中，区块链可以用于构建电子证照、电子合同等数字身份认证体系，提高公共服务的便捷性和安全性。

（二）数字时代超大城市治理面临新挑战

随着数字时代的到来，如何在城市治理中恰当运用数字技术，更好发挥技术对城市治理效能提升的积极作用，成为超大城市治理现代的重要议题。作为国家治理体系和治理能力现代化的重要组成部分，推进城市治理现代化，需要以数字技术为牵引，在更大范围、更宽领

---

[1] 魏华：《人工智能赋能超大城市治理现代化》，《理论视野》2022 年第 10 期。

[2] 王保云：《物联网技术研究综述》，《电子测量与仪器学报》2009 年第 12 期。

[3] Swan M., *Blockchain: Blueprint for A New Economy*, USA: O'Reilly Media Inc., 2015, p.35.

域、更深层次上推动城市治理全方位变革。

1. 超大规模带来的治理压力

城市规模的快速扩张增加了城市治理的范围和有效治理的难度，超大规模使得城市面临着巨大的治理压力。这种压力不仅体现在对城市基础设施和公共服务的巨大需求上，更在于如何确保城市的可持续发展，维护社会稳定和谐，以及提升居民的生活质量。

首先，超大城市治理具有更强复杂性。超大城市的巨型规模不仅体现在地理尺度，更体现在其管辖的基础设施、人员数量以及由此形成的城市社会关系都极为繁杂。超大城市作为复杂巨系统，具有较强的内部异质性，面临着巨量治理任务。超大城市治理必须同时面对不同类型问题，并且连带效应明显，牵一发而动全身。在当前职能板块界限分明的城市治理体系下，容易出现治理缝隙和治理冲突现象，亟须整体谋划城市治理系统，减少摩擦对冲效应，相互形成合力。

其次，超大城市治理具有超高流动性。超大城市具有人口、资源、信息等要素快速流动且相互作用的特点。作为一个开放且高度复杂的社会网络巨系统，城市规模越大，发展水平越高，城市运行的范围越广、速度越快，城市内部各要素的流动及其互动节奏也就越快，在各要素的流动与碰撞中会衍生出大量的现实问题，从而加重城市治理的任务与压力。[1]传统的治理方案往往凭经验自觉和被动反应，预判性不强，容易导致反应滞后贻误时机。为此，亟须开发"以快制快"的敏捷型治理机制，防范化解超大城市治理的重大风险。

最后，超大城市治理具有更大不确定性。作为人口密集、经济活

---

［1］　韩志明：《规模驱动的精细化管理——超大城市生命体的治理转型之路》，《山西大学学报》（哲学社会科学版）2021 年第 3 期。

动频繁、社会结构多元化的代表，超大城市治理难度远超一般城市。一方面，超大城市的社会结构复杂多变，不同阶层、不同文化背景的人群交织在一起，形成了多元化的利益诉求。这种多元化的利益格局，使政府在制定和执行政策时，需要更加谨慎和周全地考虑各方面的因素，以平衡各方利益，避免社会矛盾激化。另一方面，超大城市治理涉及面广、影响因素多，政府往往难以准确预测和把握各种因素的变化趋势，增加了治理的不确定性。这种不确定性要求政府必须具备高度的应变能力和创新精神，不断探索新的治理模式和手段，以适应城市发展的不断变化。

城市规模的快速扩张在带来经济繁荣和人口聚集的同时，也带来了交通拥堵、环境污染、住房紧张等一系列治理难题。截至 2024 年末，上海常住人口为 2480.26 万人，其中户籍常住人口 1496.77 万人，外来常住人口 983.49 万人；轨道交通客运量 37.66 亿人次，公共汽电车客运量 10.98 亿人次；浦东、虹桥两大国际机场全年共起降航班 80.34 万架次，实现进出港旅客 12473.11 万人次。[1]巨大的人口与城市规模带来诸多城市问题。例如，交通拥堵方面，公安部的统计数据显示，截至 2024 年底，上海机动车保有量超过 500 万辆，出行高峰时段主要交通枢纽均会出现不同程度的拥堵。环境污染方面，近年来上海市空气污染、水污染等情况虽有好转，但雾霾天气、道路扬尘、河道蓝藻、地表水污染等现象时有发生。公共服务供给方面，优质医疗、教育等公共资源较为短缺。这些"城市病"要求政府提升治理能力与治理水平，改善城市居民的生活品质，实现城市的良性运行与可持续发展。

---

[1] 上海市统计局、国家统计局上海调查总队：《2024 年上海市国民经济和社会发展统计公报》，载上海统计局官网，2025 年 3 月 25 日。

2. 多元人群提出的复杂需求

党的十九大报告指出："当前我国社会的主要矛盾已转变为人民日益增长的美好生活需要和不平衡不充分的发展之间的矛盾。"这既是对当前中国社会主要矛盾变化的准确描述，也反映了中国特色社会主义的发展阶段和面临的挑战。其中"人民日益增长的美好生活需要"表明，随着社会经济的发展和人民生活水平的提高，人们的需求已经从基本的物质文化需求转向了更高层次、更多元化的需求，包括对高品质生活、良好生态环境、优质教育资源、公平就业机会、健全社会保障、健康医疗服务等方面的追求。"不平衡不充分的发展"则指出了当前中国社会经济发展中存在的问题，如区域发展不平衡、城乡发展不平衡、收入分配不平衡等。同时，在一些关键领域和环节，如科技创新、人才培养、环境保护等方面，还存在发展不充分的问题。这些不平衡不充分的发展状况，制约了人民群众对美好生活的追求和实现。

在超大城市治理语境中，人民群众对"城市，让生活更美好"的现实需求构成了数字时代超大城市治理面临的重要挑战与变革压力。人民群众对美好生活的需求不断提升，并趋于个性化、多样化、复杂化，要求政府做出积极回应。作为中国的主要人口流入地，上海人口不断扩张，已成为世界人口数量排名第三的城市，外来人口的占比超40%。同时，上海也是中国最早进入老龄化与老龄化程度最高的城市。上海城市公共资源尤其是医、教、养等基础公共资源表现出总体供应不足、区域分布不均的特点，高水平医疗卫生服务不足、优质教育资源供需矛盾突出、交通资源分布不均是当前城市居民的核心痛点。

3. 技术应用的"双刃剑"效应

技术应用是一把"双刃剑"，在降低城市治理成本、提高城市治理效率、增强决策的科学性的同时，也存在一系列风险。

一是"技术至上"误区。"技术至上"观点认为，技术不仅仅是一种物质手段，更是一种控制人、事、物的高效方法。随着技术的发展，社会技术化程度越来越高，技术对城市治理的影响也随之越来越大。但"技术至上"存在认识误区，其主要表现在对城市治理过程中盲目信任技术并过度依赖技术，比如：技术决策忽视实际需求，导致技术解决方案与实际问题不匹配；过于注重技术流程和规则，导致城市治理僵化；忽视人的因素和群众参与等。

二是数字形式主义问题。城市治理中的数字形式主义表现多种多样，这些表现不仅违背了城市数字化转型的初衷，还可能导致资源浪费、效率低下和群众不满。例如，一些地方政府在推进数字治理时，热衷于建设各种数字平台和政务 App，但缺乏整体设计和对政府职能的有效整合。建成后，这些平台的运营和维护往往缺乏持续的关注和必要的人财物投入，导致数字平台"僵尸化""空壳化"，不能及时回应社会需求。

三是数字鸿沟问题。城市治理中的数字鸿沟问题指的是不同地区、不同群体在数字技术的获取、使用和能力上存在的差异。一方面，部分群体能够充分利用数字技术提高生活质量和工作效率，享受便捷的数字服务。另一方面，一些弱势群体，如老年人、未成年人、残障人士等，由于经济条件、教育背景、技术素养等因素限制，难以接触或有效使用数字技术，面临"数字排斥"。这不仅影响了他们的日常生活，也限制了他们参与社会活动和获取公共服务的机会。

总的来说，数字技术的迅速发展与应用为城市治理现代化注入了新活力，也带来了新挑战，要求城市治理做出相应变革，围绕治理结构、治理过程、治理手段等进行全方位变革，从而适应数字时代的发展需求，化解数字技术可能带来的消极影响，推动超大城市的数字化转型。

二、技术赋能超大城市治理体系敏捷高效运行

（一）技术赋能敏捷治理的逻辑机理

党的二十大报告指出，"我国发展进入战略机遇和风险挑战并存、不确定难预料因素增多的时期"。随着现代化进程加快，城市发展面临的各种风险和不确定因素显著增加。超大城市的聚集性、流动性相比其他城市更甚，使得各类潜在的风险因素能够快速聚集、爆发和扩散，造成无法预计的严重后果。在此背景下，超大城市迫切需要实现敏捷治理。

敏捷治理因具有灵活性、自适应性、回应性、包容性、以人为本等特征，对超大城市治理具有较强的适用性。对此，有学者提出超大城市敏捷治理范式以满足公民需求、提升公民满意度为核心导向，通过构建高效运行的数字治理系统，实现治理问题的及时感知、快速回应和高效处置。[1] 敏捷视域下的风险治理既需要充分挖掘和利用数字技术带来的治理效能，又需要规避新兴技术风险与传统风险的叠加效应。[2] 具体在治理手段上，敏捷治理强调充分发挥并融合技术工具的优势构建集网格巡查数据、物联感知数据、社情民意数据于一体的数据库，通过深度挖掘和聚类分析精准"画像"治理态势，实现快速

---

［1］　顾丽梅、宋晔琴：《超大城市敏捷治理的路径及其优化研究：基于上海市"一网统管"回应社情民意实践的分析》，《中国行政管理》2023 年第 6 期。

［2］　顾丽梅、杨楠：《敏捷治理视域下超大城市基层风险治理路径转型研究》，《西安交通大学学报》(社会科学版）2024 年 9 月。

响应。[1]上海"一网统管"的超大城市治理案例表明，敏捷治理通过"感知预测—快速回应—高效处置"的闭环流程，以及政策和技术的多工具嵌套，能在一定程度上提升超大城市的治理能力，回应数字化、复杂化和多元化的城市治理挑战。[2]

在数字技术革命和复杂性社会转向共同作用下，超大城市治理如何借助数字技术驱动敏捷治理以应对外部环境变化？敏捷治理作为数字时代超大城市治理的创新范式，如何才能实现？对此，有学者认为，城市数字化转型会助推敏捷治理的实现，其通过灵敏感知、快捷响应、协调平衡三大机制的共生融合革新政府治理理念，提升政府治理能力，重塑政府治理流程，促进公共组织敏捷治理目标的实现。[3]有学者基于技术作用认为技术赋能创新构建了多元合作的良性关系与科学高效的治理结构，[4]构成了城市敏捷治理的基础底座和关键变量，成为城市治理现代化转型的重要指向。[5]有学者基于特征逻辑认为，超大城市敏捷治理整体贯穿于全域灵敏感知、智慧决策、迅敏行动和适应学习的治理闭环之中，是系统理念驱动治理思维的有效转换、技术赋能推动治理质效的整体提升、组织调适促进治理流程的重塑再造、制度革新支撑敏捷治理的持续进阶共同作用的结

---

［1］ 葛天任、裴琳娜：《高风险社会的智慧社区建设与敏捷治理变革》，《理论与改革》2020年第5期。

［2］ 顾丽梅、宋晔琴：《超大城市敏捷治理的路径及其优化研究——基于上海市"一网统管"回应社情民意实践的分析》，《中国行政管理》2023年第6期。

［3］ 容志：《数字化转型如何助推城市敏捷治理：基于S市X区"两网融合"建设的案例研究》，《行政论坛》2022年第4期。

［4］ 关婷、薛澜、赵静：《技术赋能的治理创新：基于中国环境领域的实践案例》，《中国行政管理》2019年第4期。

［5］ 宋晔琴、顾丽梅、张扬：《数字平台何以赋能超大城市敏捷治理——基于组织边界跨越视角的分析》，《上海行政学院学报》2024年第1期。

果。[1]还有学者从治理实践角度指出，在传统城市治理工具和手段尽显疲软乏力之时，要立足超大城市的特殊场域和治理情境，挖掘超大城市要素资源合理配置与高效利用的驱动机制，进而探索超大城市治理从被动到主动、从碎片到协同、从粗放到精准、从迟钝到灵敏的过程机理。[2]

（二）超大城市敏捷治理的愿景目标

数字时代背景下，超大城市的敏捷治理意味着在面对快速变化的社会环境和复杂多样的城市问题时，能够迅速做出反应，灵活调整策略，高效整合各方资源，确保城市运行平稳有序。

1. 以人为本

人民城市重要理念意味着人民城市属于人民、城市发展为了人民、依靠人民建设城市以及城市发展成果由人民共享。城市治理必须坚持贯彻落实这一理念，充分调动人民群众积极性、主动性、创造性，构建人人参与、人人负责、人人奉献、人人共享的城市治理共同体。

2. 开放创新

作为改革开放前沿的国际化城市，上海将融合数字空间开源无界的特点，在开放合作、开放创新、开放共享的世界经济中抢占先机。城市治理的开放创新意味着在城市治理过程中，采取开放的态度和创新的手段，解决城市面临的各种问题，提升城市治理的效率和质量。其中开放要求打破传统的封闭思维，积极引入外部资源、智慧和技

---

[1] 文宏、王晟：《迈向超大城市敏捷治理：基于全域数字化转型的视角》，《电子政务》2024 年第 12 期。

[2] 蒋俊杰：《整体智治：我国超大城市治理的目标选择和体系构建》，《理论与改革》2022年第 3 期。

术，形成政府、社会组织、企业和居民共同参与的治理格局。创新要求在城市治理中不断探索新的方法、技术和模式，以适应城市发展的新需求和新挑战。

3. 多元包容

上海在城市治理中融合数字空间万物智联的特点，集聚众家之所长，打造平等和谐、多元包容的城市生态。其中，多元意味着不同文化、不同经验、不同生活背景的人们在一个共同的环境中聚在一起，互相交流、互相学习、互相尊重。它强调多元性和差异性，倡导不同文化和社会群体之间的交流与融合，以及尊重和接纳不同的文化背景和身份。包容指的是在一个社会、一个组织或一个个体中，各种不同的成分都能够相互容纳、和谐相处。包容性强的社会、组织或个体能够接纳各种多元性因素，尊重不同的身份和文化背景，在相互交流中实现共融。

4. 安全韧性

一方面，数字时代的上海城市治理以数据安全、隐私安全、技术安全为核心原则，融合数字空间的新安全手段，打造全球数字要素的重要流通枢纽。另一方面，上海将发挥数字空间灵活多变、持续进化的属性，加快推动韧性城市建设，探索超大城市的高效治理解决方案。

5. 可持续发展

可持续发展强调在保障城市经济、社会、环境协调发展的基础上，实现城市治理的长期稳定以及城市的长期繁荣。具体包括经济稳定增长、社会和谐稳定、生态环境改善、治理效能提升、城市竞争力增强等不同维度。坚持可持续发展要求在城市治理中着重处理好当前与长远的关系，立足当下问题，及时解决民众关切；同时，规划长远发展，注重基础设施、生态环境保护及产业升级。通过科学决策和前瞻规划，确保城市既满足当前需求，又为未来发展奠定坚实基础。

三、结构再造：数字技术重塑科层体系的平台化机制

（一）从科层制政府到平台型政府

平台型政府是一种新的政府形态，[1]超越了传统科层组织模式，与科层制、全能型、契约型政府不同，具有网络化、扁平化的特征。平台型政府建立在正式的、常态化的科层体系之上，并非与之完全对立，是对科层型组织模式的改良，具有更大的灵活性和技术性。[2]平台型政府呈现出以下一系列特点。

一是协同性。科层型政府强调政府运行遵循效率导向和理性秩序，以集权为主要特征，按照层级控制的逻辑展开工作；全能型政府的预设下，政府全方位发挥作用，取代了市场机制，也是一种集权的运行逻辑；契约型政府将公共产品的供给权和资源配置权交给市场，政府的角色发生了变化，由控制管理者向监管和委托主体转换。不同于以上一些政府形态，平台型政府达成一种集体行动，搭建政府、市场和社会互动协商的平台，进而推动跨界协同，政府的角色是平台的搭建者和多元主体的协调者。[3]

二是开放性。在表现形式上，有学者认为开放性可以减少公众与

[1] 董幼鸿等：《"两张网"融合发展：城市治理数字化转型的上海实践》，上海人民出版社2023年版，第33页。

[2] 宋错业：《中国平台组织发展与政府组织转型——基于政务平台运作的分析》，《管理世界》2019年第11期。

[3] 韩万渠、柴琳琳、韩一：《平台型政府：作为一种政府形态的理论构建》，《上海行政学院学报》2021年第5期。

服务提供者之间的锁定关系，能够增强服务提供者之间的竞争性。数据在不同层级的开放，将治理对象、治理要素、治理资源和治理工具有机连接。在平台治理模式下，平台的辐射范围不断扩展，服务业务和服务对象不断增多，有利于打破公共服务的时间、空间与容量限制，实现对公共事务治理与公共服务的全覆盖。

三是互动性。互动性表现为供给需求的高匹配度以及供给需求的转换性。平台型政府通过数字化手段，在互联网和大数据精算的基础上精准匹配供给和需求，在此过程中，供求关系经常可以发生变化和互转。每对供需对应关系只是平台诸多服务中的一个节点，在该模式下，政府部门及其工作人员在不同的政务服务流程中，既可能扮演服务供应者，也可能扮演服务需求者。[1]

四是数字化。数字化是平台型政府最根本的特征。平台型政府是数字政府不断发展创新到一定阶段的新状态、新产物。政务平台能够汇聚不同地区、众多领域的海量信息和数据，信息处理量也会呈指数级增长。[2]通过信息采集与处理，及时掌握政府管理和服务对象的状况，进而开展高效、精准的政府治理行为。

（二）"一网通办"重塑行政体系有效运行

1."一网通办"的历程与成效

"一网通办"改革肇始于浦东新区的"互联网＋政务服务"改革。[3]浦东新区从 2015 年开始建设网上服务大厅，2017 年提出"三

---

[1] 孟庆国、鞠京芮：《人工智能支撑的平台型政府：技术框架与实践路径》，《电子政务》2021 年第 9 期。

[2] 陈水生：《数字时代平台治理的运作逻辑：以上海"一网统管"为例》，《电子政务》2021 年第 8 期。

[3] 赵勇、叶岚、李平：《"一网通办"的上海实践》，上海人民出版社 2020 年版，第 128—131 页。

全工程"，即企业市场准入"全网通办"、个人社区事务"全区通办"、政府政务信息"全域共享"。在这些实践基础上，2018年全国"两会"期间，上海率先提出"一网通办"改革理念。2019年11月，习近平总书记在上海考察时指出："要抓一些'牛鼻子'工作，抓好'政务服务 一网通办'、'城市运行一网统管'，坚持从群众需求和城市治理突出问题出发，把分散式信息系统整合起来，做到实战中管用、基层干部爱用，群众感到受用。"由此，"一网通办"成为上海落实"互联网+政务服务"，深化"放管服"改革，推进"以人民为中心"城市发展理念的核心创新，也成为全国推进"互联网+政务服务"、加强数字政府建设的一个实践前沿。"一网通办"作为城市治理在公共服务领域的整体性变革，其目标是构建城市全方位服务体系。"一"就是一个入口，服务事项一口进出；"网"就是线上线下融合，服务事项全覆盖；"通"就是全市通办、全网通办、单窗通办；"办"就是只跑一次，一次办成。

2018年3月30日，上海市委、市政府印发《全面推进"一网通办"加快建设智慧政府工作方案》，作为"一网通办"三年实施行动的总纲领，提出到2020年建成整体协同、高效运行、精准服务、科学管理的智慧政府基本框架。2018年4月12日成立了上海市大数据中心，10月17日"一网通办"总门户正式上线运行，"一网通办"的"一梁四柱"平台架构初步成形。"一梁"即统一受理平台，包括总户网站和"随申办市民云"移动端App；"四柱"包括"统一身份认证、统一总客服、统一公共支付、统一物流快递"。

上海在人民城市的公共服务需求上，以"一网通办"为牛鼻子，围绕做好"店小二"让企业营商环境更优，围绕社会高频需求让市民"便利高效办成一件事"，实现公共服务"有求必应、无事不扰"。一方面，"一网通办"社会受益面逐步扩大。截至2024年末，"一网通办"实名用户数达8540万；法人用户超405万。"一网通办"政务服务"好差评"好评率达到99.95%。"随申码"已覆盖超8456.3万自然人、178万法人用户，为179类超1.28亿个城市物体（包含数字虚拟物体）赋码，2024年累计使用次数超4.5亿次。[1]推进网站和App适老化改造，提供"一键式"就医、订车等服务，努力消除"数字鸿沟"，让所有市民享受到数字化便利。另一方面，"一网通办"接入事项不断丰富。截至2024年末，"一网通办"总门户已接入3758项服务事项，其中3352项可实现全程网办。全年日均办事43万件，实际网办率达89.92%。推进长三角三省一市40类电子证照共享互认，实现179项服务事项跨省通办。拓展长三角"一网通办"线下专窗，开通895个线下专窗办理点，全程网办办件1400万余件。[2]

如今，"一网通办"已经成为城市数字政府建设的中国品牌，其关注度、知名度、美誉度、权威度不断提升。2020年，上海"一网通办"（Government Online-Offline Shanghai）作为优秀案例入选《联合国电子政务调查报告》，在中央党校的省级政府网上政务服务能力评估中，上海连续多年位于"非常高"组。

2."一网通办"助推政府平台化运作

数字时代背景下，"树立平台思维、把握平台逻辑、创新平台模式"已经成为城市治理现代化的基本方向。作为数字政务平台，政务服务"一网通办"构成了一种以整体性政府为视角的数字化平台，对

---

[1] 上海市统计局、国家统计局上海调查总队：《2024年上海市国民经济和社会发展统计公报》，载上海统计局官网，2025年3月25日。

[2] 上海市统计局、国家统计局上海调查总队：《2024年上海市国民经济和社会发展统计公报》，载上海统计局官网，2025年3月25日。

助推政府平台化运作、实现城市治理现代化发挥着重要的催化作用。平台化政府旨在按照"需求端—平台端—治理端"的理念创新政府治理和服务，从而进行有效的供需对接和服务回应，搭建起政府、企业、个人等多元主体的互动平台，为现代化城市治理提供一种"端到端"的敏捷治理模式。从结构维度和流程维度看，"一网通办"助推政府平台化运作的逻辑如下。

从结构来看，平台型政府由前台、中台和后台构成，对应着用户层、应用层和数据层，[1]不仅仅是一个广义上平衡供需和多元参与治理的场域，更是一个平台的集合体，前台、中台和后台都可视为一个独立平台。平台型政府将这三种平台进行集成融通，形成一个大平台、一个动态系统。

其中，前台是信息采集和诉求接收的沟通服务平台，主要面向服务需求方，以数字化手段汇聚信息，具备三个方面的功能：一是个人信息和诉求的访问入口；二是面向企业的服务端口，收集企业信息，回应企业诉求；三是面向政府的服务端口，因为政府除了是响应者和服务者以外，还经常扮演服务需求者的角色。前台一般以线上和线下结合的方式呈现，线上渠道包括政府门户网站、App、小程序、12345市民热线、电子信箱等，线下渠道包括政务服务大厅、城市生命体征感知终端、自助终端、网格员等。

中台通过数字技术和跨部门协作实现数据集成、分析、分配、整合，以及问题的处理和反馈，是前台和后台的连接点。第一，在数据使用上，打破部门间的数据壁垒，使数据可以在各业务部门之间自由流动，数据不再是各部门的私有财产，而是被集中在公共的数据

---

[1]　杜超、赵雪娇：《基于"政府即平台"发展趋势的政府大数据平台建设》，《中国行政管理》2018 年第 12 期。

湖中，其他部门可以便捷灵活地使用。中台强大的技术架构对平台的业务整合能力、产品研发能力、数据运营能力进行支撑，数据中台面向政务服务体系，标准化采集各渠道数据，最大化抽取前台共性需求，集成后台可复用功能，实现数据资源全归集，数据出口全统一。[1]第二，在业务流程上，推动部门间协同运作，构建业务中台，把不确定的业务规则和流程通过行政或市场手段确定下来，降低合作交易成本，同时通过存量系统接入，最大程度地提升协作效率，推进流程再造和协同整合。

后台则是数据的算法中心、控制中心和集成底座，具有强大的分类和储存能力，是中台和前台得以有效运行的重要保障，也是数据资源化和价值化的载体。[2]数据后台包括统一的数据库、统一的规则库及统一的模型库。[3]其中统一的数据库包括入口、公共设施、建筑、电子证照、权力事项清单、政府信息等；统一的规则库包括信息提取、事项分配、部门联动等；统一的模型库连接了数据和规则，在规则之下使用数据，包括需求预测模型、部门选择模型、供需匹配度模型等。后台公共数据库的数据来源比较广泛，一方面来源于政府既有数据库，另一方面来源于前台和中台的数据沉淀。这也体现了平台型政府的转换性，即服务需求者也有可能是数据的供给者和服务的供给者。

从流程维度看，上海"一网通办"全面推进服务流程再造和服务

[1] 明承瀚、徐晓林、王少波：《政务数据中台：城市政务服务生态新动能》，《中国行政管理》2020年第12期。

[2] 北京大学课题组、黄璜：《平台驱动的数字政府：能力、转型与现代化》，《电子政务》2020年第7期。

[3] 孟庆国、鞠京芮：《人工智能支撑的平台型政府：技术框架与实践路径》，《电子政务》2021年第9期。

网升级。以人民为中心的发展思想要求公共服务体系乃至政府体系的重新设计，从"以部门为中心"走向整体性政府，从"政府本位"走向"人民中心"。

首先，"一网通办"从群众和企业"高效办成一件事"出发，围绕"减环节、减时间、减材料、减跑动"加大行政审批制度改革力度，系统重构部门内部操作流程和跨部门、跨层级、跨区域协同办事流程，最大限度避免重复和不必要的办事流程。早在 2019 年，上海就实施"双减半"工作，要求行政审批事项办理时限减少一半、提交材料减少一半；实际时限总体减少 59.8%，提交材料总量减少 52.9%。同时推进"双 100"工作，即推进 100 个业务流程优化再造事项落地，新增实现 100 项个人事项全市通办。2020 年，在总结实践经验基础上，出台《关于以企业和群众高效办成"一件事"为目标全面推进业务流程革命性再造的指导意见》，明确"一件事"申请条件、申报方式、受理模式、审核程序、发证方式和管理架构"六个再造"的实施标准。同时，在全市层面滚动选择若干办件量大、涉及面广、办理难度大的"一件事"进行优化改革。2024 年，上海启动新一轮"一网通办"改革三年行动，聚焦"高效""办成"，把"一网通办"升级到"智慧好办"，到 2024 年底，将累计完成占年度总办件量 75% 的高频事项智慧化改造，并新增 34 项"免申即享"服务（如老年人综合津贴，见本章案例专栏）、新增 7 个重点"一件事"集成服务。[1] 经过多年努力，"一网通办"已基本覆盖企业群众全生命周期的高频事项服务，即围绕企业全生命周期涵盖了企业设立、准营准办、企业经营和企业注销等阶段（见图 7-1），围绕个人全生命周期汇集了从出生、

---

[1]　吴頔：《市政府原副秘书长、市数据局局长徐惠丽做客"民生访谈"　今年增 34 项"免申即享"服务》，载上海一网通办官网，2024 年 5 月 10 日。

上学、毕业、户籍、征信、工作、婚姻、住房、车辆、退休、养老到身后事等 12 个生命周期中需要办理的事项（见图 7-2）。

图 7-1 "高效办成一件事"企业事项示意图（来源：上海"一网通办"平台）

图 7-2 "高效办成一件事"个人事项示意图（来源：上海"一网通办"平台）

其次，"一网通办"政务服务平台构建了互联互通、无缝衔接的全流程一体化在线服务中台，为推进政府流程再造提供基础，形成总操作平台和总数据库，构建市、区两级"1+16"电子政务云，推动数据标准化采集、使用和保护。所有业务模块，包括各部门业务系统都接入服务中台，审查、批准、服务、管理等多个环节都通过这个平台完成，政府各部门不能新建与平台没有互联互通的部门小系统，所有政务数据及相关行业与社会数据都接入这个总数据库。[1]通过平台进行共享和使用，形成数据共享的良好格局，从而推动业务流程再造，简化行政审批程序，提升服务水平和效能。

再次，"一网通办"通过数据的高效利用和职能重构有效匹配供需结构。政府服务平台推进部门间数据开放共享，从公众、企业方收集和吸纳数据，建立个人和企业的"数据银行"，不断做强数据系统统一管理机制，推动实现"一数一源"。上海已经编制完成公共数据"三清单"，包括数据需求情况清单、数据责任清单和负面清单，完成统一的数据共享交换平台主体功能建设。通过平台调取、协调和集成相关数据，为服务需求方提供适配的信息工具包，公众既是服务的需求方，也是数据的供给方，体现了平台型政府开放性、无界性的特征。同时，政务服务平台通过府际合作、流程再造和线上线下互动提高办事效率，打破部门壁垒，让部门间合作从"串联"变为"并联"，协同技术部门和业务部门共同提供政务服务，实现服务事项的"一站式"办结，体现整体政府的价值导向。

最后，"一网通办"还建立了"好差评"制度，规范平台回应程序，遵循回应性政府的价值导向。公众通过线上或线下渠道接受服务后进行评价，各种事项有明确的办结期限规定，市民可在12345市民热线、门户网站、App等渠道追溯办理流程和进度。公众的评价与渠道绩效挂钩，公众有了考评权力，可以有效提升平台的回应性，提高平台的服务质量。评价制度是贯彻人民城市重要理念的抓手和依据，有利于"一网通办"的完善和整改，进而形成需求收集、供给集成、

[1]　董幼鸿等：《"两张网"融合发展：城市治理数字化转型的上海实践》，上海人民出版社2023年版，第44页。

供需匹配和有效回应的治理闭环。

四、功能跃升：数字技术赋能城市治理效能的实践路径

（一）从功能主义到"人民城市"

功能主义的城市治理主要从工具主义的视角来界定城市，强调城市的功能性，追求城市治理的效率和经济发展。尽管这种模式在一定程度上能够促进城市功能的完善和社会经济的发展，但也会导致城市发展的不公平现象，比如因分配不均而带来的两极分化问题。

人民城市重要理念成为新时代超大城市治理现代化的重要原则，这一重要理念深刻揭示了中国特色社会主义城市的人民性，深刻解答城市建设发展依靠谁、为了谁的根本问题，深刻回答了建设什么样的城市、怎样建设城市的重大命题，深刻揭示了中国特色城市发展的主体、客体和动力结构。[1] 人民城市在价值属性上强调城市的人民性，指出城市是人民的城市、城市治理依靠人民、城市发展成果由人民共享。[2]

从功能主义到"人民城市"的转向，体现了城市治理理念的深刻变革。随着社会的发展和人们对生活质量要求的提高，以人为本的城市治理理念逐渐兴起。这一理念强调在城市建设、治理和发展中，不仅要从功能上着眼，还要从价值方面规范，确保城市功能提升带来的发展成果具有普惠性。

一是强调人的关怀与尊重。以人为本的城市治理在城市建设和管

---

[1] 潘闻闻、邓智团：《创新驱动：新时代人民城市建设的实践逻辑》，《南京社会科学》2022 年第 4 期。

[2] 宋道雷：《人民城市理念及其治理策略》，《南京社会科学》2021 年第 6 期。

理的每个环节都将人的需求、人的福祉和人的发展置于首位。人作为发展的主体，既是城市治理的重要参与者和推动者，也是城市治理的最大受益者和见证者。坚持人民至上、推动人的全面发展，是马克思主义唯物史观的根本要求，也是我们做好一切工作的基本遵循。城市治理过程中，坚持尊重社会发展规律和尊重人民历史主体地位的一致性，站稳人民立场、把握人民愿望、尊重人民创造、集中人民智慧，将人民的获得感、幸福感、安全感作为城市治理的出发点和落脚点。

二是倡导市民参与。城市治理需要市民的广泛参与和共同努力，建立健全市民参与机制、拓宽市民参与渠道、提高市民参与意识，完善参与渠道和参与方式，为公众表达诉求、建言献策和监督问责提供保障。城市居民既是需求主体，也是生产与治理主体，需要全面考虑其参与城市空间生产与治理的作用与方式。

三是追求人的发展。城市治理的最终目的是为市民提供更多的发展机会和更广阔的发展空间，让每个市民都能在城市中实现自我价值和人生梦想。城市治理要促进人的全面发展，包括经济、社会、文化等各个方面的提升。

四是构建共建共治共享的治理格局。进一步完善党委领导、政府负责、民主协商、社会协同、公众参与、法治保障、科技支撑的社会治理体系。加强基层政权治理能力建设，健全党组织领导的自治、法治、德治相结合的基层治理体系。

五是追求技术向善。将全面推进城市治理数字化转型作为践行"人民城市人民建、人民城市为人民"重要理念的关键之举，治理数字化转型要让人民群众获得感、幸福感、安全感更加充实、更有保障、更可持续。以人民为中心的超大城市治理数字化转型应该让城市和技术"为人而转"，而不是让城市和人"围着技术转"或"被技术转"。[1]

（二）"一网统管"推进城市高效能治理

1. "一网统管"的历程与成效

上海城市运行"一网统管"建设最初始于浦东新区城市综合管理智能化和精细化的实践与探索。2018 年 11 月，习近平总书记在浦东新区城市运行综合管理中心调研时指出："既要善于运用现代科技手段实现智能化，又要通过绣花般的细心、耐心和巧心提高精细化水平，绣出城市的品牌品质。"为贯彻落实习近平总书记考察上海重要指示精神，上海市委、市政府主要领导要求上海探索和建设城市管理"一张网"。2019 年 9 月，上海市委主要领导在考察上海智慧公安建设的基础上，明确提出推行"一网统管"建设，聚焦"一屏观天下，一网管全城"目标。这一阶段主要以智慧公安建设成果为依托，集成了 22 家部门 33 套系统，初步实现了观、管、防同步的运行体系。2019 年 11 月，习近平总书记在上海考察时指出，"要抓一些'牛鼻子'工作，抓好'政务服务一网通办'、'城市运行一网统管'"。[2] 2020 年 4 月，上海市委常委会审议通过《上海市城市运行"一网统管"建设三年行动计划（2020—2022 年）》，全力推进以"一网统管"为标志的智慧政府建设。 2020 年 9 月，上海城市运行管理中心指挥大厅投入使用，标志着上海城市运行"一网统管"进入新的发展阶段。2020 年底，上海市委、市政府出台《关于全面推进上海城市数字化转型的意见》，明确指出推动治理数字化转型，提高现代化治理效能。2021 年，国内首个"实时、动态、鲜活"的超大城市运行数字体征系统

---

[1] 郑磊：《城市数字化转型的内容、路径与方向》，《探索与争鸣》2021 年第 4 期。

[2] 《习近平在上海考察时强调：深入学习贯彻党的十九届四中全会精神 提高社会主义现代化国际大都市治理能力和水平》，《人民日报》2019 年 11 月 4 日。

"上海城市运行数字体征 1.0 版"正式上线。2022 年 5 月，上海市人大表决通过"一网统管"建设最新决定，要求将"一网统管"和数字治理的理念融入城市规划、建设和管理。城市运行"一网统管"最终是要迈向整体协同、敏捷高效、智能精准、开放透明、公平普惠的线上线下一体化政府。至 2024 年末，"一网统管"基本建成城市"时空底图"和"随申码"系统，推出国内首个"城市运行数字体征系统"，接入 82 个部门单位、1515 个应用，有效提高了对各类风险及时感知、快速反应、协同处置的能力。[1] 与此同时，"一网统管"着力破解城市治理难题，如加强污水收集处理"厂站网"一体化建设和运维，开展架空线入地和杆箱合杆整治，消除城市上空"蛛网"，累计完成 900 多公里。[2]

"一网统管"旨在通过数字化、智能化手段实现整体性、智慧型、服务型政府的融合，达到"一屏观天下、一网管全城"的高效治理目标。其中，"一"强调整体性政府建设，要求统一城运系统、基础设施、数据信息、处置平台及过程协同，确保全城管理无死角。"网"则侧重于纵横及线上线下协同，利用互联网技术和大数据思维，构建整合的城市运行平台，优化处置流程，提升城市管理和社会治理的智能化水平。"统"涵盖统一、统筹、统领三层含义。统一涉及数据资源、地理信息系统、处置力量等的整合；统筹旨在打破碎片化，实现政府管理和社会治理的整体性；统领则通过智能化平台和手段推动政府改革和流程再造。"管"强调全生命周期的管理理念，明确政府职能转变的基础上，形成城市全生命周期管理。通过技术赋能和政府再造，实现更好的"放"和更优的"管"，确保管理手段和技术既实用又

---

[1]　中共上海市委：《奋力谱写新时代人民城市建设新画卷》，《人民日报》2024 年 11 月 1 日。
[2]　中共上海市委：《奋力谱写新时代人民城市建设新画卷》，《人民日报》2024 年 11 月 1 日。

高效。[1]

上海市首创的城市运行"一网统管"建设实践，生动地彰显了超大城市精细化治理的上海方案，并正在从上海走向全国，乃至世界。2020年，"一网统管"获中欧绿色智慧城市峰会"智慧政府建设优秀案例奖"。2021年，城市运行"一网统管"被写入国家"十四五"规划。此外，"一网统管"还入选国家"十三五"科技创新成就展，并在全国多个省市复制推广。

2."一网统管"推动城市治理效能提升

上海作为超大城市代表，人流、物流、信息流等规模空前，截至2024年末，拥有近2500万常住人口、近1000万外来常住人口及超300万户经营主体，地铁总里程近900公里，日客流量超1000万人次，小客车600多万辆，地下管网超17万公里。传统分层分类治理模式已不适应，城市管理面临"视而不见、雾里看花、盲人摸象"三大痛点。市民对高效治理需求日增，传统手段难以满足现代化要求。因此，上海市委、市政府推进城市运行"一网统管"，利用科技赋能，整合政府资源和力量，提升城市治理整体效能。

从治理理念看，围绕"以人民为中心"推进超大城市治理现代化。"一网统管"不仅仅是为了优化政府部门间的协调能力，它更希望通过数字化手段倒逼政府部门改进城市治理模式，快速、及时、协同处置市民在城市公共事务中的急难愁盼问题。如此一来，数字理念与"以人民为中心"的理念在"一网统管"中得以融合，围绕城市动态、城市环境、城市交通、城市保障供应、城市基础设施等维度实时响应，多部门联勤联动，提高处置效率，保障城市有序运转。上海"一

---

[1] 赵勇、董幼鸿：《探索城市治理的"上海方案"：着力把握"一网统管"中的"统"》，《解放日报》2020年6月24日。

网统管"强调"应用为要、管用为王"的价值取向，要求做到"实战中管用、基层干部爱用、群众感到受用"。为此，一要以处置事件为中心，让技术围着业务转，用技术服务业务，理顺派单、协调、处置、监督的管理流程，推动一般常见问题的及时处置、重大疑难问题的有效解决、风险预防关口的主动前移；二要着眼于防范化解重大风险，既要解决群众面临的具体问题，也要解决超大城市运行中的重大问题，特别是各种可以预料和难以预料的重大风险；三要着眼于跨部门、跨层级、跨领域的协同联动，推动处置效能和效果的提升。

从治理主体看，以"王"字结构健全三级组织结构体系。上海在市、区、街镇三个层级均成立了实体化运作的城市管理运行中心，统筹管理辖区内的城运事务，构建起"一网统管"的组织管理体系，形成"两级界面、三级平台、五级应用"，即在市、区两级搭建城市运行平台，整合各部门的数据系统和网络，承担存储算力等基本数据保障；在市、区、街镇三级搭建城市运行平台，提供基础赋能的工具；市、区、街镇、网格和社区（楼宇）这五级都应用城运系统，履行各自的治理职能，为政府各部门和基层单位全方位赋能。如此一来，由城运中心这样一个综合性、专业化的机构作为牵头单位，并通过体制机制的完善激发职能部门参与"一网统管"建设的主观能动性，积极构建经济治理、社会治理、城市治理统筹推进和有机衔接的治理体系，实现了对传统行政管理模式和管理流程的重塑，有利于"高效处置一件事"的闭环。

从治理过程看，围绕体制机制完善强化城市运行综合保障。首先，高规设置。专门成立市级领导小组，充实项目组，组建专家咨询委员会和一流企业联盟，开展"一网统管"建设大会战。上海城市运行管理中心是全市"一网统管"的总牵头单位，设在市政府办公厅，中心主任由市政府副秘书长兼任，市公安局、市经信委等部门领导兼任中心副主任。其次，加强考核。充分发挥考核"指挥棒"作用，在全市考核中专门设置"一网统管"指标，以系统管用实用、数据调用共享、高效处置一件事为导向，分值占比高。再次，完善制度建设。出台《上海市城市运行"一网统管"建设三年行动计划》《关于加强数据治理促进城市运行"一网统管"的指导意见》《关于进一步促进和保障城市运行"一网统管"建设的决定》等文件，建立适应智能化发展要求的新型项目审批制度，安排专项资金，优化机构设置、职能配置，完善政策普惠，有序推动地方立法。

从治理手段看，以科技赋能城市治理数字化转型，增强城市治理的智慧和智能。"一网统管"坚持"一屏观天下、一网管全城"的目标定位。所谓"一屏观天下"，就是在一个端口上实现城市治理要素、对象、过程、结果等各类信息的全景呈现。所谓"一网管全城"，就是把城市治理领域所有事项放到一个平台上进行集成化、协同化、闭环化处置，提升处置效果和效能。不论是"一屏观天下"，还是"一网管全城"，都离不开技术和数据的支撑。一方面，上海着力打造"三级平台、五级应用"的基本逻辑架构，形成"六个一"（治理要素一张图、互联互通一张网、数据汇集一个湖、城市大脑一朵云、系统开发一平台、移动应用一门户）的技术支撑体系，提升线上线下协同的精准治理能力。聚焦"高效处置一件事"，在最低层级、在最早时间，以相对最小成本，解决最突出问题，取得最佳综合效应，营造"观全面、管到位、防见效"的智能应用生态。另一方面，加强云、数、网、端基础建设。上海基于现有"一网统管"系统，原则上不再新建系统，将政府部门具有共性需求的功能汇聚整合，形成基座型系统，由大数据中心为城运主系统及部门专业应用提供工具化支撑、生态化支撑。创新建设了"系统间联结枢纽"，既为城运专业系统的耦合对接提供支撑，又为本部门和其他部门提供服务，进一步促进了跨部门信息系统的数据交换和能力共享，基本实现相关部门"一家能力大家用"。

从治理效果看，以精细化治理为导向提高城市治理现代化水平。上海要根据超大城市的规模特点，探索一条适合城市精细化治理的路径，提高城市治理现代化水平。首先，"一网统管"利用大数据、云计算、人工智能等现代信息技术，整合了公共安全、绿化市容、住建交通等30多个部门的100多项基础数据，实现了数据的实时更新和互联互通。这为及时精准发现问题、对接需求、研判形势、预防风险和有效处置问题提供了有力支撑。例如，"一网统管"多次在防汛防台中发挥重要作用。其次，"一网统管"建立了市、区、乡镇和街道、网格化区域、社区和楼宇五级应用体系，加强了指挥协调和现场处置能力，实现了线上线下协同高效处置一件事。这种跨部门、跨层级、跨区域的运行体系，有效解决了城市治理中的堵点、盲点和痛点。此外，"一网统管"还注重从市民需求出发，提供主动化、个性化的服务。通过数据分析，可以精细刻画社区、家庭、个人的民生需求，为市民提供精准匹配的服务内容。

随着数字技术的快速发展和广泛应用，数字化转型越来越成为城市治理现代化的驱动力量。技术赋能成为支撑超大城市敏捷运行的重要法宝。政务服务"一网通办"和城市运行"一网统管"，是上海城市治理的"牛鼻子"工程和金字招牌，其融合创新为上海超大城市治理现代化开辟了新的场域空间。"一网通办"的服务对象是个人、企业，围绕"高效办成一件事"，借助"一网、一云、一窗、一库、多应用"的技术架构，筑造"一梁四柱"平台结构，推进整体业务流程再造，实现政务服务一体化。"一网统管"的服务对象则是政府，围绕

"高效处置一件事"，以"三级平台、五级应用"为核心，实现城市管理观、管、防有机统一，助力管理者对城市治理的精准把控。[1] "两张网"以数字化手段助力城市治理全方位改革，通过结构再造打造平台化政府，通过功能跃升提升城市治理效能，推动超大城市治理"由人力密集型向人机交互型转变、由经验判断型向数据分析型转变、由被动处置型向主动发现型转变"，有效提升了服务供给和城市运行的精准性和高效性。

面向未来，超大城市治理中的数字技术应用将更加深刻地融入以人为本的理念，不仅能精准捕捉并高效回应各类城市治理问题，还将显著提升居民生活的便捷度与幸福感。这些技术将促进城市治理体系的智能化升级，增强城市面对突发事件的应对能力与韧性，确保城市运行的安全稳定。同时，数字技术将引领城市走向更加绿色、低碳、可持续的发展道路，通过优化资源配置、减少能耗排放，为超大城市的可持续发展注入强劲动力。总之，未来的超大城市治理将因数字技术的深度赋能而焕发新的生机与活力。

案例专栏 1：

老年人综合津贴"免申即享"

1. 案例背景

上海作为全国老龄化程度较高的城市之一，60 岁及以上老年人口比例已超过 35%。如何为老年人提供更加便捷、高效的社会福利服

---

[1] 熊易寒主编：《城市治理的范式创新：上海城市运行"一网统管"》，中信出版集团 2022 年版，第 361 页。

务，成为上海推进城市治理现代化面临的重要课题。

传统的老年人津贴发放通常需要老年人或其家属主动申请，提交相关材料，经过审核后才能享受津贴。这一过程不仅繁琐，还可能因为信息不对称或操作不便，导致部分符合条件的老年人未能及时享受到应有福利。为解决这一问题，上海推出"免申即享"服务模式，旨在通过数据共享和智能化手段，让符合条件的老年人无须主动申请即可享受综合津贴。

2. 案例过程

上海在充分调研的基础上，制定出老年人综合津贴"免申即享"政策。该政策的核心是通过政府部门间数据共享，自动识别符合条件的老年人，并直接发放津贴。具体来说，依托"一网通办"平台和大数据资源平台，实现公安、民政、人社等部门的数据互联互通。其中公安部门提供户籍信息，民政部门提供老年人基本信息，人社部门提供社保信息。通过数据整合及比对，系统能够自动识别年满65周岁的上海户籍老年人，并将其纳入津贴发放范围。符合条件的老年人无需申请，仅需事先选择通过何种渠道领取，即通过上海市敬老卡或社会保障卡。随后，系统通过短信、电话或社区通知等方式，告知老年人津贴已发放，并提醒其查收。此外，对于因信息不全或数据错误未能享受津贴的老年人，社区工作人员会主动联系，协助其补充信息或更正数据。这一创新举措不仅提高了政府的工作效率，还极大地方便了老年人群体，让他们能够更轻松地享受到政府的福利政策。

3. 经验成效

一是提升服务效率。上海通过大数据分析、自动化审核等技术手段，自动识别符合条件的老年人，并为其发放津贴。这一过程无须人工申请和审核，符合条件的老年人只需要事先选择好领取渠道，即可实现自动化的部门兑现。这一举措大幅简化了津贴发放流程，实现了从"人找政策"到"政策找人"的转变。

二是增强老年人获得感。通过"免申即享"，老年人无须再为申请津贴而奔波。特别是对于行动不便或信息获取能力较弱的老年人，这一政策切实减轻了他们的负担。除了精准发放，还具备追溯补领功能，确保老年人权益得到充分保障。

三是助力政府数字化转型。作为上海推进"人工智能＋"行动、打造"智慧好办"政务服务的重要举措，"免申即享"通过数据共享和智能技术，让政府部门能更精准地识别服务对象，提供更加高效便捷的服务。与此同时，这一模式也为其他城市提供了可复制的经验。全国多个城市已开始借鉴上海做法，探索"免申即享"在更多领域的应用。

案例专栏2:

"一网统管"助力防汛防台

1. 案例背景

上海地处长江入海口，濒临东海，地理位置特殊，气候条件复杂，每年夏季都会受到台风、暴雨等极端天气的影响。因此，防汛防台一直是上海城市治理的重点和难点。传统防汛防台模式主要依赖人工巡查、经验判断和分散的部门协作，存在信息传递滞后、资源调配效率低、应急响应速度慢等问题。

为提升城市治理能力和应急管理水平，上海依托"一网统管"平台融合"测、报、防、抗、救、援"六大防汛工作要素，实现跨部门、跨层级、跨区域的资源共享和协同联动，为城市安全提供强有力的支撑。

2. 案例过程

"一网统管"平台整合了气象、水务、交通、应急等多个部门的数据资源。其中气象部门提供实时天气数据，水务部门提供水位监测数据，交通部门提供道路监控数据，社区网格员提供巡查数据。这些数据在"一网统管"平台汇聚，形成全面的城市运行态势图，为防汛防台提供科学依据。

当台风来临时，平台通过对气象数据的分析，提前72小时预测台风路径和降雨量，并生成精准的预警信息。预警信息通过短信、App、广播等多种渠道，及时传递给相关职能部门和市民。同时，平台根据历史数据和实时监测数据，对易积水点、地下空间、老旧小区等重点区域进行风险研判。借助智能算法，预测可能出现的险情，并生成应急预案，为各部门提供决策支持。在台风和暴雨期间，平台通过实时监控，及时发现并处理险情。例如，当某条道路出现积水，平台会立即通知水务部门进行排水作业，并通知交通部门进行交通疏导。同时，向市民推送绕行建议，确保市民出行安全。台风过后，平台还会对整个防汛防台过程进行评估，识别出哪些环节存在不足，提出改进建议。

3. 经验成效

一是提升预警能力。通过"一网统管"防汛防台系统，提前72

小时预测台风路径、登陆时间、降雨量、影响范围等预警信息。预警信息的及时传递，能够为相关部门和市民群众采取相应防范措施争取宝贵的准备时间，有效减少财产损失和人员伤亡。

二是增强应急响应能力。平台针对上海主要防御对象、防汛预案、灾情、舆情、社情以及各类指挥智能化场景，实现了全市统一、科学、高效的实时智能调度和多部门联动协同。通过实时监控和智能分析，能够及时发现并处理险情。各部门通过平台协同联动，确保了应急响应的无缝衔接。

三是提高市民满意度。通过"一网统管"平台，市民能够及时获取预警信息和应急建议，增强了安全感和满意度。平台通过 App、短信等多种渠道，向市民推送实时天气信息和出行建议，帮助市民做好防范措施。

结语与讨论 ━━━━━━━━━━

    国际城市建设与发展经验表明，城镇化或城市化是城市演化的自然的历史进程，基本按照工业化推动城市化的路径演进。从历史长河来看，各国城市化进程不一样。由于所遵循的发展逻辑不同，其结果也是迥然不同的。在西方很多国家的城市，资本是工业化、城市化、现代化的重要驱动力。随着资本扩张和技术发展，一些工业城市的飞速发展加速了欧美史无前例的城市化、现代化进程。但以资本为中心，把追求利益最大化的城市化道路，往往侧重物质积累、空间扩张，而忽视人的主体性、幸福感，常常带来许多负效应。首先，常现环境污染、生态破坏的"公地悲剧"。比如，从20世纪四五十年代的洛杉矶、伦敦烟雾事件再到2023年8月24日日本启动核污染水排海，就是资本逻辑的恶果。其次，城市贫困、阶级对立，城市空间的非正义性、城市公共服务的差异性触目惊心，贫富差距拉大。一边是高楼大厦、一边是水深火热；一边是灯火通明，一边是黑灯瞎火等两极分化现象日益凸显。

    我国的城市发展遵循各国城市现代化的道路，坚持以城镇化工业化推进城市现代化的逻辑。但同时具有中国特色，坚持在中国共产党领导下走中国特色的现代化道路，首先坚持人民城市重要理念，坚持以人民的需求为导向，把人民满意作为一切城市工作的落实脚点和出发点，科学回答了我国城市属于谁、为了谁、依靠谁的重大问题，是党的初心使命，以人民为中心的发展思想在城市工作中的具体体现，可以说也是我们区别于西方资本主义城市发展的本质特征。习近平总书记强调："城市的核心是人，城市工作做得好不好，老百姓满意不满意、生活方便不方便，是重要评判标准。"[1]

我们坚持的人民城市重要理念具有丰富的内涵。从城市属性来看，城市是人民的。"城市是人民的城市，人民城市为人民。"城市一切工作围绕着人民的需求来开展，把人民满意不满意作为一切工作出发点和落脚点。从治理目的来看，城市是为民的。"推进城市治理，促进城市有序运行和安全发展，根本目的是满足人民的生产、生活和生态的需求，提升人民群众获得感、幸福感、安全感。"从行动主体来看，城市建设和发展依靠人民。城市是载体，人民才是城市的主体。在城市建设和发展中要尊重市民对城市建设和发展决策的知情权、参与权、监督权，鼓励企业和市民通过各种方式参与城市建设、管理，实现全过程人民民主，体现人民是城市建设和管理的主体性和能动性。从治理成果来看，要惠及广大人民。即要从人民的需求出发，把更多精力、财力投入解决群众利益问题上，"把最好的资源留给人民"，真正实现"民有所呼、我有所应"，实现城市让生活更美好的愿景。从评价反馈来看，成效由人民评判。"城市工作做得好不好，老百姓满不满意，生活方便不方便，是重要评价标准。""群众说好才是真正的好。"

中国式城市现代化的重要目标就是要实现人民对美好生活的向往和追求。"推进城市治理，根本目的是提升人民群众获得感、幸福感、安全感。"

我们推进的城市治理现代化是中国式现代化的重要内容，是推进国家治理体系和治理能力现代化的重要组成部分，也是我国国家战略

---

[1] 《习近平在西藏考察时强调：全面贯彻新时代党的治藏方略　谱写雪域高原长治久安和高质量发展新篇章》，《人民日报》2021年7月24日。

的主要内容。我国城市治理现代化具有自身的特色。

第一，中国共产党领导是中国特色城市治理现代化的本质特征。中国共产党是一切社会主义事业的领导核心，党组织通过政治领导、组织领导、作风领导、思想领导等多种形式对城市工作进行全方位、全过程的领导和引导。上海近年来在城市治理现代化工作中，不断探索党建新形式，如社区党建、街区党建、区域化党建、楼宇党建等载体，实现了城市治理现代化中党建工作全覆盖，发挥党建引领的功能，体现中国特色城市治理的现代化道路本质特征。2017年7月，全国城市基层党建工作经验交流座谈会在上海召开，分享了上海城市基层党建的做法，这也是对上海城市基层党建工作成绩的认可。2018年11月，习近平总书记考察上海时指出，"党建工作的难点在基层，亮点也在基层"，"希望上海在加强基层党建工作上继续探索、走在前头"。

第二，共同体建设是中国特色城市治理现代化的重要取向。人民城市重要理念强调，人民城市人民建、人民城市为人民。因而，城市治理现代化过程中应突出依靠人民、为了人民的理念和宗旨。在城市重大事项或重大工程规划、建设和管理中，应充分发挥全过程人民民主，让人民成为具体事务治理中的主体，追求以人民意志为基础的工作流程和机制，以人民满意不满意为一切事务的评价标准。如城市规划、城市更新、社区治理、实事项目落地等很多城市治理具体工作中广泛听取人民的意见，动员人民广泛参与，集中民智，发挥集体的智慧，突显人人参与、人人奉献、人人负责、人人共享共同体建设，推进城市治理体系和治理能力现代化。同时，要"尽最大可能推动政府、社会、市民同心同向行动，使政府有形之手、市场无形之手、市民勤劳之手同向发力"，"建设人人有责、人人尽责、人人享有的社会治理共同体"，形成共建共治共享的社会治理格局。政府应该从"划桨人"转变为"掌舵人"，从"你和我"变成"我们"一起行动。坚持和发展新时代"枫桥经验"，完善基层综合治理平台，及时把矛盾纠纷化解在基层、化解在萌芽状态，夯实城市治理的基础和基石，确保基层社会和谐和稳定。

第三，人与自然和谐相处是中国特色城市治理现代化的重要属性。中国式现代化主要内容之一是人与自然和谐共生的现代化，强调尊重自然、顺应自然、保护自然，坚持可持续发展。通过绿色发展和生态文明建设，维护城市良好的生态。坚持绿水青山就是金山银山的理念，将维护良好城市自然环境和生态环境、促进绿色发展作为城市治理工作的重要任务。宜居始终是城市治理体系和治理能力现代化的重要原则，也是践行人民城市重要理念的根本要求。上海近年来推行的垃圾分类新时尚，实现全民参与，确保各类垃圾精准分类、精准处理、变废为宝，从源头上养成市民和社会各类主体绿色生活和绿色生产的习惯，对节省资源、保护资源和充分利用资源作出重要贡献，为提高市民的文明素养和提升市民参与能力提供重要载体和路径。积极倡导和践行简约适度的生活方式，让绿色低碳生活方式成为新时尚。上海深入实施城市公共交通优先发展战略，抓好绿色交通体系建设，积极引导绿色出行。积极倡导和践行绿色低碳发展理念，绿色低碳生产方式越来越成为城市生活的新时尚。

第四，安全韧性是中国特色城市治理现代化的重要保障。习近平总书记指出："平安是老百姓解决温饱后的第一需求，是极重要的民生，也是最基本的发展环境。"安全是城市工作的"头等大事"。习近平总书记深刻指出："如果连安全工作都做不好，何谈让人民群众生活得更美好？！"因此，要统筹发展与安全。"无论规划、建设还是管理，都要把安全放在第一位，把安全工作落实到城市工作和城市发展各个环节各个领域。""确保安全生产应该作为发展的一条红线。"安全韧性建设成为城市治理现代化的重要属性。政府通过各类主体的协同治理，广泛动员社会资源，坚持韧性安全建设的理念，实现人民至上、生命至上的目标，促进城市公共安全模式向事前预防转变，实现大安全大应急的格局，全方位构建城市安全风险的防控网，将人民生命和财产安全作为城市治理工作的主线和底线，夯实城市安全治理的基层和基础，确保城市安全和城市韧性成为城市治理现代化的价值取向和追求目标。

第五，文化传承和发展是中国特色城市治理现代化重要内容。中国式现代化强调物质文明和精神文明相协调的现代化。既要重视物质的富裕，也需要精神的富有，这就意味着中国式现代化应注重思想道德建设、文化传承创新以及社会主义核心价值观的弘扬。中国特色城市治理现代化应加强文化事业和文化产业的协同发展，强调中华优秀传统文化的传承和弘扬，目标是建设社会主义文化繁荣的现代化大都市。上海特别强调红色文化、海派文化和江南文化的传承。同时，加强与国际文化交流，发挥上海城市在国际交流和对外开放中的平台和桥头堡功能，促进文化发展和繁荣是城市治理现代化的重要内容。所以在追求物质文明发展的同时，不能忽视文化建设和发展，尤其在城市规划、建设和治理中，须传承城市的传统文化和文脉，留得下记忆和乡愁，让城市成为特色文化的记忆载体。坚持历史文化遗产保护与城市更新并重，兼顾人民性、公共性和文化性，提升城市品质。即在保护传承好"最上海"的城市历史文脉的同时，把更多具有时代性的人文、艺术元素融入空间设计、场景再造，营造集思想性、艺术性和观赏性的城市美学空间，不断满足人的精神需求，激发历史空间的当代价值和时代活力。

第六，智能化是中国特色城市治理现代化的重要支撑。数字技术应用是中国特色城市治理现代化的重要标志。当前数字技术发展迅猛，需将人工智能、大数据、物联网、区块链等现代化数字技术应用于城市服务、城市管理和城市安全过程中，提高治理的效率、降低运行的成本，把增强市民的满意度作为城市管理者追求的方向。当前，在城市治理中应充分发挥数字技术的发现问题、配置资源和管理反馈等功能。上海的数字治理"两张网"摸不着，但很管用，日益成为上海城市服务管理的关键技术支撑，成为"数字上海"的重要标志，引领着未来超大城市"智治"新方向，推动城市治理由人力密集型向人机交互型转变，由经验判断型向数据分析型转变，由被动处置型向主动发现型转变。数字技术赋能城市治理，推进城市治理模式的转型和智慧城市的建设，有利于促进城市治理体系和治理能力现代化，提高城市治理现代化的水平和能力。

总之，中国特色城市治理现代化是中国式现代化的重要内容，是国家治理体系和治理能力现代化的重要组成部分。中国特色城市治理现代化除了具有世界普遍意义上的城市治理现代化属性以外，具有自身特色，如不断强化人民城市重要理念为指导，坚持中国共产党领导为核心，依靠多元主体参与的共同体建设载体，以满足人民对美好生活向往为宗旨，体现了人与自然和谐的属性，以聚焦安全韧性城市建设为保障，广泛推广智能化、数字化为支撑等。中国超大城市治理现代化在人民城市重要理念指导下，全面推进城市建设、管理和发展，不断提升城市治理体系和治理能力现代化水平，增强人民群众的获得感、幸福感和安全感。

后　记

　　中国式现代化是全面建成社会主义现代化强国、实现中华民族伟大复兴的康庄大道。2024 年 7 月，党的二十届三中全会对进一步全面深化改革、推进中国式现代化作出系统部署，提出"七个聚焦"的分领域改革目标，强调聚焦构建高水平社会主义市场经济体制，聚焦发展全过程人民民主，聚焦建设社会主义文化强国，聚焦提高人民生活品质，聚焦建设美丽中国，聚焦建设更高水平平安中国，聚焦提高党的领导水平和长期执政能力，从总体上囊括了推进中国式现代化的战略重点。

　　上海是改革开放排头兵、创新发展先行者，在推进中国式现代化中肩负着光荣使命。2023 年 12 月，习近平总书记在上海考察时强调，上海要聚焦建设"五个中心"重要使命，加快建成具有世界影响力的社会主义现代化国际大都市，在推进中国式现代化中充分发挥龙头带动和示范引领作用。

　　为深入学习贯彻党的二十届三中全会精神，深入阐释上海践行习近平总书记嘱托、服务国家战略的创新探索，2024 年 7 月，上海市委宣传部、市社科规划办策划和组织"中国式现代化的上海样本"系列课题研究，对标党的二十届三中全会提出的"七个聚焦"战略重点，遴选知名专家组建研究团队，以市社科规划课题形式开展高质量课题研究，对上海在新征程上推进中国式现代化的实践经验进行理论总结和提炼。设立的 7 项研究选题分别为"推进高质量发展、加快建设'五个中心'""发展全过程人民民主""建设习近平文化思想最佳实践地""创造高品质生活""全面推进美丽上海建设""推进中国特色超大城市治理""走出符合超大城市特点规律的基层党建新路"等。

成果质量是学术研究的生命线。市委常委、宣传部部长赵嘉鸣全程关心指导研究课题的推进工作，要求务必精耕细作、形成高质量研究成果。市委宣传部落实课题全周期管理，在课题启动、推进、结项等环节先后召开多次会议，市委宣传部分管副部长权衡出席并作具体指导，市委党校常务副校长曾峻、市政协副秘书长沈立新、市委政策研究室副主任张斌、市人民政府发展研究中心副主任严军等四位专家全程跟进指导，确保课题研究质量，最终形成本套"中国式现代化的上海样本"丛书，并作为"党的创新理论体系化学理化研究文库"首套丛书。

本书系"推进中国特色超大城市治理"课题成果，是对上海城市治理现代"新路子"的总结和提炼，也是对超大城市治理现代化的探索。本书由中共上海市委党校"人民城市与超大城市治理现代化"课题组承担，是在前期调研和文献查阅基础上完成的集体成果。本书由董幼鸿教授和刘旭博士负责总体构思和章节设计，具体章节的分工为，第一章及结语与讨论：董幼鸿；第二章：刘旭；第三章：叶岚；第四章：陈海松；第五章：周彦如；第六章：徐涛；第七章：丁依霞。对具体参与本书撰写工作的同仁表示真诚的感谢！超大城市治理现代化研究是一个庞大的系统工程，它涵盖的理论丰富、内容精深、实践多样，本书是课题组研究城市治理现代化的阶段性成果。诚然，由于作者理论水平受限，书中如有存在不足之处，敬请同行专家和读者不吝赐教为感！

参与本书组织工作的有市社科规划办李安方，市委宣传部理论处陈殷华、薛建华、姚东、柳相宇等。本书的出版得到了上海人民出版社的大力支持，在此表示感谢。

2025 年 5 月

图书在版编目(CIP)数据

大城之治 ： 城市治理现代化的新叙事 / 董幼鸿等著.
上海 ： 上海人民出版社，2025. -- ISBN 978-7-208
-19577-6

Ⅰ. F299.23
中国国家版本馆 CIP 数据核字第 20258LY780 号

责任编辑 刘 宇
封面设计 汪 昊

大城之治:城市治理现代化的新叙事
董幼鸿 等著

出　　版　上海人民出版社
　　　　　（201101　上海市闵行区号景路 159 弄 C 座）
发　　行　上海人民出版社发行中心
印　　刷　上海中华印刷有限公司
开　　本　787×1092　1/16
印　　张　12.5
插　　页　2
字　　数　144,000
版　　次　2025 年 6 月第 1 版
印　　次　2025 年 6 月第 1 次印刷
ISBN 978 - 7 - 208 - 19577 - 6/D · 4524
定　　价　56.00 元